SYNODI
CONCILII
CONSTANTIENSIS
TOMUS I.
162
303
372
243
149

FLAVII JOSEPHI
OPERA OMNIA

世界梦幻图书馆

（日）X-Knowledge 编著 朝阳 译

37 WONDERFUL

LIBRARIES

AROUND THE WORLD

新星出版社 NEW STAR PRESS

新经典文化股份有限公司
www.readinglife.com
出　品

古今东西的璀璨智慧遗产

几千年来，人类的知识与经验经由文字记录后，保存在图书馆中传诸后世。可以说，图书馆联系着人类过去、现在乃至未来的智慧。这里是书的宝库，内容涵盖全世界的历史、文化、艺术、技术等知识，本本都是无价之宝。作为宝藏的宝库，图书馆的建筑样式各有不同，有的富丽堂皇，有的雄伟庄严，也有的别具匠心独一无二。

本书精选介绍了横跨欧洲、美洲、亚洲、非洲、大洋洲代表世界最高水平的三十七座图书馆，其中既有绚烂的世界文化遗产，也有先进的现代化建筑。这些图书馆建成于不同的时代，拥有不同的背景。无论是修道院图书馆、大学图书馆、国立图书馆，还是私人图书馆，它们都面向公众开放，为无数人所热爱。

请放飞你的全部想象，随本书饱览这些璀璨的知识遗产。请尽情憧憬，有一日能置身其间。

目 录
Contents

西欧 / 南欧
Western Europe/Southern Europe

中欧 / 北欧
Central Europe/Northern Europe

北美 / 南美

North America/South America

亚洲 / 非洲 / 大洋洲
Asia/ Africa/ Oceania

Western Europe

Southern Europe

西　欧
南　欧

由帕斯卡设计的椭圆形阅览室，
空间宽旷令人印象深刻。

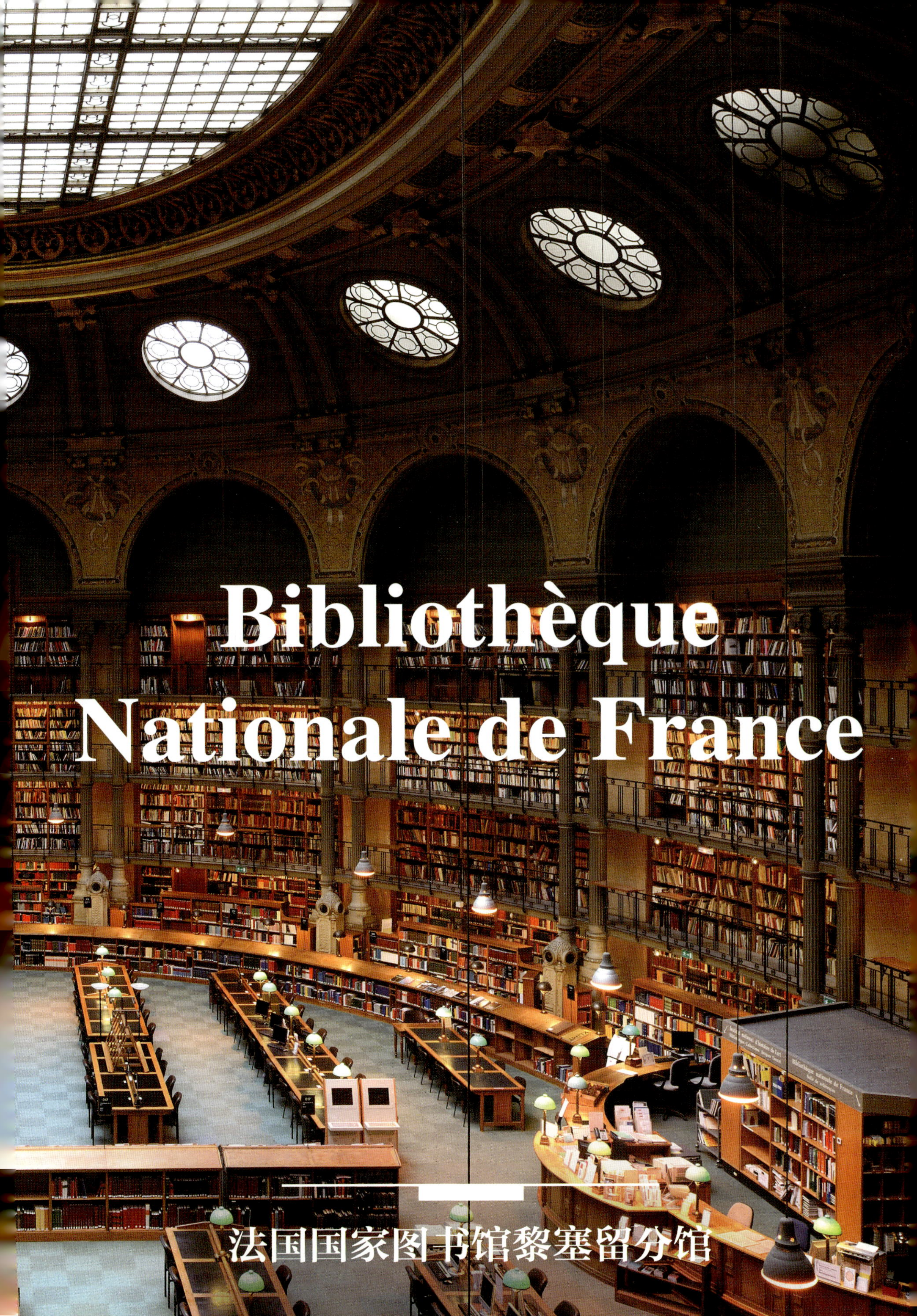
Bibliothèque
Nationale de France
法国国家图书馆黎塞留分馆

拉布鲁斯特设计的阅览室，
穹顶由华丽的铸铁柱支撑而起。

这座建于十九世纪、前身为法国皇家图书馆的钢铁建筑被视为现代公共图书馆的起点。

法国国家图书馆的历史可以追溯到由查理五世创办、馆藏仅为九百一十七册的皇家图书馆。一五三七年，弗朗索瓦一世规定皇家图书馆必须收存法国国内出版的所有图书（现在这项法令依然有效）。十六世纪后半叶，图书馆被迁至巴黎，大约一个世纪后，路易十四的财务大臣柯尔贝尔又将它搬到了现在巴黎第二区的黎塞留街。此后历经种种变迁，到十八世纪中期皇家图书馆最终被改为国家图书馆。

一九九六年，法国国家图书馆新馆即密特朗国家图书馆在巴黎第十三区正式开放，大量藏书被转至那里。黎塞留分馆目前仅收藏手稿、手抄本、地图、古币、纪念章、古董艺术品（主要来自法国皇室）等特藏。

一八五四年至一八七五年间，黎塞留分馆经历了二十余年的改建。其间建成的“拉布鲁斯特阅览室”和帕斯卡设计的“椭圆阅览室”等大型设施至今仍向公众开放。

亨利·拉布鲁斯特设计的阅览室（P.004-006）占地约一千一百五十平方米。九个圆形小穹顶由十六根高约十米的铸铁细柱支撑，内壁贴满象牙色和金色的瓷砖。阳光透过穹顶中央的小天窗洒满整个房间，大天窗和面向中庭的北窗也为阅览室提供了稳定的光源。拉布鲁斯特在家具设计上颇费心思。两侧设有三百四十五个座位的长桌桌面嵌有羊皮桌垫，桌子的隔断可以兼做书靠，桌下的脚踏还装有供暖设备。阅览室墙上则点缀着风景壁画、大师瓷像和艺术与科学主题的弓形纹饰。这栋十九世纪钢铁建筑的典型代表也从教堂中汲取了许多灵感，图书管理员充当着神父的角色，借书台好比祭坛，摆放书桌的空间则相当于教堂内的座席。

让·路易·帕斯卡设计的阅览室（P.002-003）呈椭圆形，室内面积为 42.7 × 32.8 平方米。十六根爱奥尼亚铸铁柱紧沿墙壁支撑起挑高十八米的穹顶，这样煞费苦心的设计，是为了保证图书管理员的视野不受任何立柱的阻碍，从位于一角的借书台便能观察到全部二百多个座位的动静。穹顶上装有十六个可以开合的圆形换气窗，还镌刻着史上闻名的图书馆和代表文明的十六座城市的名称（包括巴黎、伦敦、佛罗伦萨、华盛顿，以及亚历山大、巴比伦等古城）。

除此之外，黎塞留分馆还拥有建于一九五八年的手稿阅览室等设施。从二〇一〇年起，黎留塞分馆在法国文化部主持下进行大规模改建（工程预计于二〇一七年完成，其间图书馆正常开放）。这次改建将进一步改善馆藏条件和借阅环境，更加方便普通读者的借阅和参观。每隔三十年到五十年，黎塞留分馆就会根据时代需求进行改建，这已成为它的一大传统。

黎塞留图书馆源于皇家图书馆，融合了近代的智慧，完美协调了审美与功能性的需求。这一优雅高贵的公共阅读空间恰似法兰西的智慧支柱。

图书馆外宁静的中庭，外墙上装饰着大量的雕刻。

阳光透过圆形的小天窗洒满整个房间

相关信息：

创立 / 14 世纪

国家 / 法国

规模 / 藏品 2000 万件（包括手稿、手抄本、版画、照片、音乐、舞台艺术相关书籍与资料、地图、古币、纪念章、古董艺术品，主要为法国皇室藏品。）

建筑年代 / 1875 年竣工

设计 / 亨利·拉布鲁斯特、让·路易·帕斯卡

联系方式 & 参观信息：

5, rue Vivienne, 75002 Paris

Tel. +33 (0)1-53795959

www.bnf.fr

（可通过该网站与图书馆员联系）

开放时间 / 周一至周五 10:00～18:00，周六 10:00～17:00

闭馆日 / 周日、节假日、九月上半月

门票价格 / 8 欧元（有效期 3 天），45 欧元（有效期 15 天），60 欧元（年票）

原则上仅供调查研究使用

讲解参观 / 周四 14:30，时长 90 分钟，费用 3 欧元，需要预约

十九世纪的代表性建筑，
完美满足了公共图书馆的一切需求。

BIBLIOTHECA A REGIBUS
CONTRÔLE
HISTOIRE DE FRANCE

被誉为“高贵之厅”的大厅，
尽头悬挂着若昂五世的肖像画。

Biblioteca Joanina
da Universidade
de Coimbra
科英布拉大学若安尼那图书馆

绘有女神、天使的穹顶。

庄严气派的正门。

相关信息：
创立 / 16 世纪
国家 / 葡萄牙
规模 / 图书 25 万册
建筑年代 / 1728 年竣工

联系方式 & 参观信息：
Largo da Porta Férrea, 3000-447 Coimbra
Tel. +35 (0)239-859841
Bibliotecajoanina.uc.pt
loja.uc@ci.uc.pt
开放时间 / 周一到周五 9:30～17:30
周末 10:30～16:30
（夏季每天 9:00～19:30）
闭馆日 / 元旦、圣诞节等
门票价格 / 7 欧元（包含在老校的门票内）
讲解参观 / 包含在老校讲解参观路线内，收费

又名“巴洛克图书馆”的奢华建筑向如今的我们讲述着葡萄牙辉煌的过去。

欧洲最古老的城市之一科英布拉作为葡萄牙曾经的首都（一一三九年至一二五五年）广为人知。徜徉在这座城市，你能深深感受到它传统的风貌中蕴涵的深厚历史。一二九〇年，国王迪尼什一世在此设立科英布拉大学，让这座城市成为葡萄牙当时的文化中心，学术上获得极大发展。

科英布拉大学是葡萄牙最古老的名校，与西班牙的萨拉曼卡大学、法国的蒙彼利埃大学等并称为欧洲历史最悠久的综合性大学。目前这里有在校生两万多名，校园内时常可以看到身着传统黑色斗篷的学生阔步其中。

倾力支持艺术与学术的国王若昂五世下令在科英布拉大学校园内修建了图书馆。图书馆于一七二八年竣工，并以国王之名“若安尼那”命名。相比其他图书馆，它更像一座大教堂，庄严的威仪仿佛诉说着岁月变迁，令来访者肃然起敬。

一踏入图书馆，任谁都会在它的极致奢华前凝神屏息，从而追忆起葡萄牙盛极一时的当年。巴洛克风格的图书馆分为三间大厅，各厅倚墙而建的书架上，藏书共计四万余册。大部分藏书是药剂学、史学、人类学、哲学，以及地理学、化学等学术类书籍，创立者若昂五世对学术的重视由此可见一斑。

环顾馆内装饰，书架用的木材据说是从南洋特意运来的，金漆纹饰熠熠生辉，每一处细节都极致精巧。穹顶上绘有栩栩如生的壁画，就连厚重宽大的书桌上也有鬼斧神工的雕刻。这些出自优秀工匠之手的精工细作与书架上价值连城的图书相得益彰，令来访者不觉沉浸在一派庄严华丽之中。

图书馆平时还会展出一些华美的彩饰珍本，读者可借此触碰漫漫图书史中的某个片段。如今，若安尼那图书馆已被葡萄牙政府列为国家级历史遗迹，不仅延续着作为图书馆的功能，还成为吸引无数游客的热门景点。

关于若安尼那图书馆还有一则趣闻。据说馆里居住着一些特殊的“房客”——蝙蝠。馆员们非常珍视这些小动物，因为它们可以帮助消灭啃噬书籍的害虫。白天开馆时，蝙蝠们会悄悄藏匿起来，直到闭馆后才开始在馆内四处飞舞。

若安尼那图书馆不仅是学术观光胜地，也是葡萄牙辉煌历史的见证。二〇一三年，科英布拉大学入选《世界文化遗产名录》，若安尼那图书馆无疑为成功申遗发挥了巨大作用。

书架及拱门上光彩夺目的金漆工艺，
由工匠们花费四十余月精工细作而成。

作为全馆精华的高贵之厅书架，
上面可以看到中国风的装饰纹样。

馆内宏伟的壁画和带状装饰。
作为世界文化遗产之一，埃斯科里亚尔修道院图书馆吸引着众多游客。

Real Biblioteca del
Monasterio de
San Lorenzo de
El Escorial
圣劳伦斯·埃尔·埃斯科里亚尔修道院图书馆

丰富的藏书中不仅有神职人员所需的神学、哲学、人文学资料，还有众多辞典、百科全书、文献目录。图中是中世纪的天球仪。

世界文化遗产埃斯科里亚尔修道院极尽奢华的图书馆，引人缅怀西班牙帝国的黄金年代。

圣劳伦斯·埃尔·埃斯科里亚尔修道院位于马德里市西北约四十五公里处的瓜达拉马山脚下，整体由皇家修道院和皇室御用地两部分组成，美术馆、宫殿、陵墓、教堂、图书馆等建筑坐落其中。一九八四年，埃斯科里亚尔修道院成功入选《世界文化遗产名录》。如今，这里已成为马德里市民的避暑胜地。

一五五七年八月十日圣劳伦斯节这天，腓力二世在圣昆汀战役中击败法国。为纪念这场胜利，他决定修建一座修道院。建筑家胡安·包蒂斯塔·德·托列多受命开始动工兴建，他去世后，工程由弟子胡安·德·艾雷拉接管。

腓力二世坚决打压宗教改革，崇尚“单纯的形态、规正的整体、淡然的气度和不加修饰的威严”，埃斯科里亚尔修道院完美体现了这一理念。这种风格被后人称为艾雷拉风格，也叫作埃斯科里亚尔风格。它力求简朴，摆脱了当时盛极一时的银匠式风格影响，呈现出明朗的古典纯粹主义特征。左右对称的布局、几何般的精密和富于平衡感的立方体是这一西班牙独有建筑风格的三大特色。

图书馆位于连接教堂与神学院的走廊上，面积仅有 9×54 平方米，呈细长型。挑高约十米的拱形天花板上，饰满由费德里科·祖卡里创作的华美壁画，内容为“自由七艺”，即语法、修辞、逻辑、几何、算术、音乐、天文七门学科。精雕细琢的木制书架并排立于大理石地板之上，厅中所置的中世纪天球仪极富古典气息。整座图书馆富丽堂皇，又不失沉静之美。

埃尔·埃斯科里亚尔市拥有玛丽亚克·里斯蒂娜皇家中央大学、无瑕圣母学校等诸多学府，是马德里自治区内具有代表性的文化城市。此外，欧洲最古老的大学之一——康普顿斯大学每年都会在这里开设暑期课程，吸引着世界各地的学子慕名前来。

从马德里前往世界文化遗产埃斯科里亚尔修道院参观，当日便可往返，因此这里常年游客如织。修道院图书馆藏有众多极富历史和专业价值的珍贵资料，如在宗教审判中被没收的禁书等，因此并不向公众开放借阅。所有馆藏一律书脊朝内摆放，看不到书名。就此摆放方式，坊间众说纷纭，有人说此举利于通风，可防止书籍老化，也有人说是为了让架上图书看起来更整齐美观等等，至今尚无定论。

相关信息：

创立 / 1584 年

国家 / 西班牙

规模 / 图书 10 万册，国内外杂志 1000 种，其他

建筑年代 / 1584 年竣工

设计 / 胡安·德·艾雷拉

联系方式&参观信息：

Calle de Juan de Borbón y Battemberg s/n, 28200 San Lorenzo de El Escorial (Madrid)

Tel. +34 (0)91-8905903～05(周一至周五 8:00～14:30，节假日除外)

www.patrimonionacional.es/real-sitio/monasterios/6172

biblioteca.escorial@ patrimonionacional.es

开放时间 / 4 月至 9 月 10:00～20:00，10 月至 3 月 10:00～18:00

闭馆日 / 周一、圣诞节等

门票价格 / 10 欧元

讲解参观 / 费用 7 欧元；讲解器租赁费 4 欧元

展示柜的后方是卡斯蒂利亚王国国王阿方索十世的肖像画。

埃斯科里亚尔修道院外景。

阅览室禁带饮料，
图书馆中庭设有咖啡馆供读者休憩。

British Library
大英图书馆圣潘克拉斯总馆

阅览室仅供研究使用，
不过面向普通读者开放的空间也很宽敞舒适。

馆内可免费无线上网，
很受年轻人欢迎。

不负文化帝国的荣耀，耗时三十余年打造的宏伟砖结构图书馆。

大英图书馆总馆毗邻高铁欧洲之星的始发站——伦敦圣潘克拉斯车站。巨大的牛顿像伫立在图书馆前的广场上。一进馆内，迎面便是六层高的书架塔，塔身外覆玻璃纵贯整座建筑的轴心，令人眼前一亮。爱书的乔治三世所有的八万五千余册藏书尽藏于塔上，皆是难得的珍本，因此只面向研究人员开放借阅。

大英图书馆总馆是英国二十世纪最大的公共建筑，修建时共使用了一千万块砖瓦和十八万吨混凝土。全馆设地下五层、地上九层，总建筑面积达十一万二千平方米，收藏了大量来自英国国内外极富历史、艺术、学术价值的图书。

大英图书馆的历史并不悠久。一九七二年，英国国会通过了建立国家图书馆的法案并于翌年生效，但这仅仅是从行政手段上将原有的大英博物馆图书馆和另两家国家图书馆合并到一起。此后，藏书空间日益不足的问题愈发凸显，政府才决定修建新的馆舍。这一工程共耗资五亿英镑，工期长达十五年，最终于一九九七年正式建成。馆内的绝大部分藏品来自大英博物馆原有馆藏。一九九八年，伊丽莎白女皇亲自出席大英图书馆总馆的开馆仪式。

大英图书馆的馆藏多达一亿五千万件，其中地图四百余万幅，定期刊物二十六万余种。作为法定呈缴本保存馆，这里还依法藏有英格兰和爱尔兰境内的所有出版物。平均每年的新增藏品多达三百万件，所需书架一字排开长达十二公里。图书馆按图书种类共设十一间阅览室、一千二百个座位。到馆人数及数字图书馆使用人数相加，每天可达一万六千余人。

总馆上层的阅览室仅向通过审查、持有阅览证的读者开放。下层区域则面向普通读者。馆内美术馆展出的众多珍藏中包括：英国文学代表作家莎士比亚、乔叟、简·奥斯丁、奥斯卡·王尔德等人和一些现代作家的手稿和初版书；甲壳虫乐队的歌词手稿，如《昨天》等；诞生于公元九世纪、现存最古老的印刷品《金刚般若波罗蜜经》；有着华丽彩绘的东西方圣典手抄本；左撇子达·芬奇用他独有的镜像文字写下的笔记……近距离观赏这些珍藏，令人深深震撼于纸上文字的魅力和先人们倾注其中的无限热情。除常规展览外，美术馆还会举办以古今东西不同文化为主题的特别展览、讲座，以及面向儿童的学习体验活动。

总馆大厅设有大量书桌，并配备桌灯和笔记本电脑专用电源供读者使用。大厅的餐厅、咖啡馆提供手工制作的早餐、午餐、点心，以及精心挑选的红酒、啤酒。这里和图书馆广场共同成为最受伦敦市民欢迎的休闲场所。

大英图书馆是英国的骄傲。英王乔治三世的半身像静立门前迎候着读者走进这座名副其实的知识殿堂。他的毕生所藏在他身后，陪伴无数读者度过充实的每一天。

刻有大英图书馆馆名的侧门和牛顿像。

右上方为圣潘克拉斯车站。

相关信息：
创立 / 1973 年
国家 / 英国
规模 / 藏品 1 亿 5000 万件（包括分馆馆藏在内）
建筑年代 / 1997 年竣工
设计者 / 科林·圣约翰·威尔逊

联系方式&参观信息：
96 Euston Road, London NW1 2DB
Tel. +44 (0)843-2081144
www.bl.uk
Customer-Services@bl.uk
开放时间 / 周一至周四 9:30～20:00（美术馆除周二以外均开放至 18:00）、周五 9:30～18:00、周六 9:30～17:00、周日及节假日 11:00～17:00
闭馆日 / 元旦、复活节期间的周五至周一、12 月 24 日～26 日
门票价格 / 免费（特别展出、文化活动另行收费）
讲解参观 / 周一至周六 10:30～15:00，周日及节假日 11:30～15:00，时长 75 分钟，费用 7 英镑，请尽量事先预约

透过玻璃，
可窥见图书馆庞大馆藏一角。

由大大小小的圆形组成犹如传统七宝连环纹样的图书馆外墙是该馆一大特色。

Library of Birmingham

伯明翰公共图书馆

筒状结构的内部是宽阔的中庭。
从五层的围廊俯瞰下层。

三层中庭的环形书架，
内外两侧均摆放着图书。

螺旋而上的图书馆，是市民们享受文化的心灵休憩之所，成为当地新地标。

在工业革命中发展起来的英国中部城市伯明翰，是一座举世闻名的工业之城。二〇一三年九月，欧洲规模最大的地方图书馆在伯明翰正式向公众开放。伯明翰公共图书馆总耗资一亿八千八百万英镑，馆内设施采用最新技术，宣称“改写了二十一世纪公共图书馆的标准”，可以满足读者的多样性需求。

图书馆位于伯明翰城西的世纪广场，紧邻 REP 剧院，二者的大堂彼此联通。附近还坐落着伯明翰美术馆、伯明翰交响音乐厅、市政府等公共设施。预计每年将吸引参观者三百万人次。

图书馆由荷兰麦肯诺建筑事务所的女建筑家弗朗辛·乌邦设计。她将这座图书馆称为“公众的殿堂”，并表示：“在我看来，图书馆是城市的心脏，伯明翰充沛的活力给了我创作灵感。”

这栋地下一层、地上十层的建筑总面积达三万一千平方米。入口处宽敞的大厅设有儿童活动区和咖啡厅。沿斜坡往下，就到了属于“儿童和音乐”的地下一层。这里是儿童阅览室、数字美术馆、音乐图书室、音乐练习室以及玻璃环形剧场的所在。

馆内最大的特色，是纵贯建筑中央的筒状天井。三至五层的书架沿各层的围廊而立。被称为“知识之层”的三层，还开辟了供人祈祷与思考的冥想室。

四层是“发现之层”。这里设有英国电影协会的媒体中心，可以免费观看国家电影资料馆收藏的影片。景致怡人的露台上种植了各种香草、水果和蔬菜，令人在阅读时倍感舒适惬意。该层还设有美术馆，展示着首次公开的珍贵档案与照片等馆藏。

五层是“摄影之层”。从这里可以乘坐玻璃观光电梯直达八层，八层被称作“秘密花园”，植物比四层更加繁盛，适合人们休息小憩。六层和七层则是不对外开放的档案馆。

顶层十层是著名的“莎士比亚纪念馆”。这间伊丽莎白王朝风格的木制房间始建于一八八二年，后被拆卸，重新拼装在这里。纪念馆里收藏了包括伯明翰图书馆最珍贵的藏品——莎士比亚的第一部剧本合集《第一对开本》在内的四万四千余册莎翁著作，规模居世界前列。

相关信息：

创立 / 1865 年

国家 / 英国

规模 / 图书 100 万册，另有照片、乐谱、报纸、DVD、CD 及其他

建筑年代 / 2013 年竣工

设计 / 荷兰麦肯诺建筑事务所

联系方式&参观信息：

Centenary Square, Broad Street

Birmingham B1 2ND

Tel. +44 (0)121-2424242（周一至周五 10:00～17:00）

www.libraryofbirmingham.com

enquiries@libraryofbirmingham.com

开放时间 / 周一至周五 8:00～20:00、周六 9:00～17:00 、周日 11:00～16:00

闭馆日 / 元旦，12 月 25 日、26 日

门票价格 / 免费

讲解参观 / 详细情况须咨询；自由参观可从网站下载指南

馆内还设有儿童游乐室。

从四层俯瞰中庭，
连接各层的电梯是一大亮点。

汉弗莱公爵图书馆里精美绝伦的天井横梁和天顶壁画。

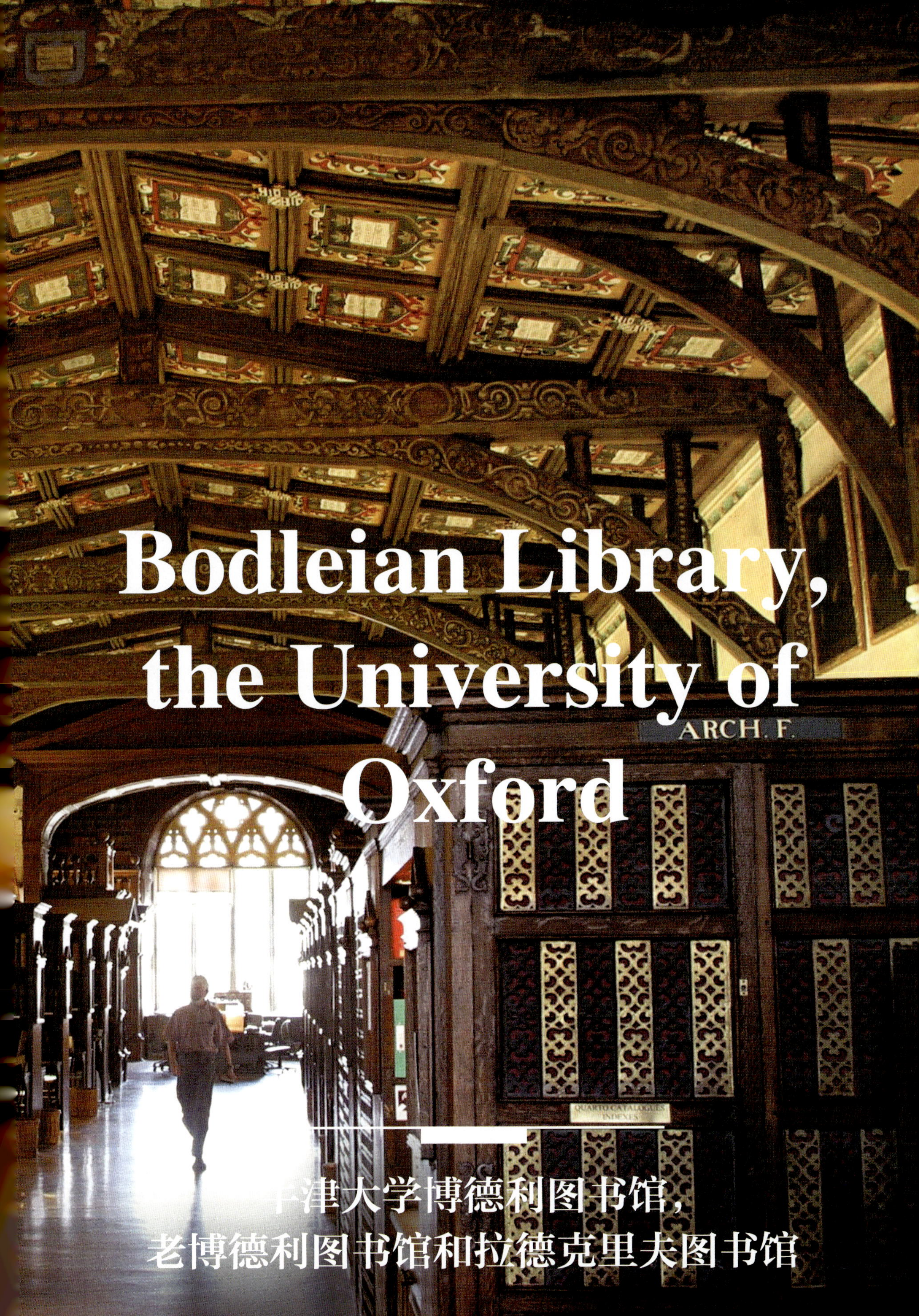

Bodleian Library, the University of Oxford

牛津大学博德利图书馆，老博德利图书馆和拉德克里夫图书馆

汉弗莱公爵图书馆阅览室。
书架隔出的狭小空间里摆放着桌椅。

博德利图书馆拥有历史悠久的华美建筑，是牛津大学的智慧象征，曾为电影《哈利·波特》的取景地。

作为牛津大学的下属机构之一，博德利图书馆是大学里多个学科和研究所的主要研究性图书馆。五位英国国王、四十位诺贝尔奖获得者、二十六位首相，以及奥斯卡·王尔德、克利弗·S·刘易斯、托尔金等作家，都曾在这座英国最大的大学图书馆里静享阅读。博德利图书馆同时也是英国五座法定的呈缴本图书馆之一，负责收存英国境内的所有出版物。

博德利图书馆由多栋建筑组成。其中历史最悠久的老博德利图书馆是英国哥特式建筑的代表。其辖地内的神学院建成于十五世纪，汉弗莱公爵图书馆则建成于十七世纪。(汉弗莱公爵图书馆也是《哈利·波特》系列电影的取景地)。

牛津大学各学院很早就有各自的图书馆，学校图书馆直到一三二〇年左右才开始筹建。但由于资金不足，迟迟未能建成。后来，国王亨利五世的弟弟克洛斯特公爵汉弗莱向学校捐赠了自己收藏的二百八十一册手抄本，以此为契机，校图书馆即汉弗莱公爵图书馆终于在一四四八年于神学院顶层开馆。

博德利图书馆以毕业于牛津大学墨顿学院的托马斯·博德利之名命名，他在伊丽莎白一世时期任外交官，并与富翁遗孀结婚，获得丰厚财产后出资推进了汉弗莱公爵图书馆的扩建，工程于一六〇二年完工。此后，为进一步扩大藏书空间，博德利于一六一〇年增建了“艺术角”。一六三四年到一六三七年间又建成“塞尔登之角”，用于存放法学家约翰·塞尔登捐赠给图书馆的八千册书籍。

一七四九年，受惠于医生约翰·拉德克里夫的遗愿和捐献，拉德克里夫科学图书馆建成。这座意大利风格的巴洛克式建筑由詹姆斯·吉布斯设计，是托尔金的巨著《魔戒》中寺院的原型。图书馆分为两层，上层刻有大面积的石雕，一直延伸至顶部。铅质圆顶由科林斯石柱支撑。一八六〇年，拉德克里夫科学图书馆并入博德利图书馆，更名为“拉德克里夫图书馆”。

现在，汉弗莱公爵图书馆收藏有手抄本、书志、地方志以及大量一七〇〇年前出版的珍本，馆内随处可见前来借阅的研究人员和学生。而拉德克里夫图书馆内除了设有历史系图书室还作为阅览室使用。

历经时光打磨的栎木书架上闪烁着牛津大学睿智的光辉。

哥特式图书馆外观。

拉德克里夫图书馆的圆形建筑。

相关信息：

创立 / 1602 年

国家 / 英国

规模 / 印刷品 1100 万件，其他

建筑年代 / 1602 年老博德利图书馆竣工

1749 年拉德克里夫图书馆竣工

设计 / 詹姆斯·吉布斯（拉德克里夫图书馆）

联系方式 & 参观信息：

Broad Street, Oxford OX1 38G

Tel. +44 (0)1865-277162

www.bodleian.ox.ac.uk/bodley

reader.services@ bodleian.ox.ac.uk

开放时间 / 周一至周五 9:00～17:00、周六 9:00～16:30、周日 11:00～17:00

闭馆日 / 部分节日、大学的学位授予日（不定期）等

门票价格 / 1 英镑（仅神学院可自由参观，参观其他建筑须跟随讲解员）

讲解参观 / 1 小时行程（仅老博德利图书馆，一天 4 场，周日 3 场，费用为 7 英镑）；一个半小时行程（含拉德克里夫图书馆，周三、六、日，费用 13 英镑）。行程安排等须提前咨询

塞尔登之角美轮美奂的木制墙壁与天花板。

建于十五世纪的神学院。
系列电影《哈利·波特》中医务室的取景处。

被称为“学院方庭”的中庭。

拉德克里夫图书馆美丽的白色穹顶。

拉德克里夫图书馆现在
主要面向学生和研究人员开放。

大英博物馆有顶广场“大展苑”。
中央是大英博物馆阅览室。

British Museum Reading Room

大英博物馆阅览室

阅览室内部。中间是服务台，
四周座位呈放射状排列。

大英博物馆的大展苑中央，马克思完成巨著《资本论》的圆形阅览室正步入新时代。

伦敦的大英博物馆收藏了来自世界各地的文明瑰宝，向全人类展示着大英帝国的荣耀。为了跟上时代发展，博物馆于二〇〇〇年进行了大规模扩建。新建的中心广场“大展苑”最为引人注目，其宏大的玻璃顶棚让来访者仿如置身于户外的开放空间。

圆形阅览室就位于大展苑中央。它始建于十九世纪中叶，是当时大英博物馆图书馆（大英图书馆前身）的阅览室。

一七五三年大英博物馆开馆，同时成立的还有印刷品部，也就是大英博物馆图书馆的前身。作为法定呈缴本保存馆，大英博物馆图书馆负责收藏英国国内出版的所有书刊、报纸、地图、乐谱。十九世纪上半叶，由于藏书空间不足，图书馆决定在博物馆空旷的中心广场修建圆形阅览室，这一构想来自时任图书馆首席管理员的意大利人安东尼·帕尼兹。他曾因参加意大利统一运动而被原籍摩德纳公国驱逐，后到英国避难，并在这里将满腔热情倾注到了图书馆事业中。

阅览室从一八五四年开始修建，三年后落成开放。建筑师悉尼·斯默克参考罗马万神殿，设计了这间直径约四十三米的圆形阅览室。

阅览室使用铸铁、混凝土、玻璃等建材，装有供暖设施和换气系统，充分利用了当时最先进的技术。穹顶外侧为金属材质，内侧采用混凝纸工艺（纸浆、布等合成的轻型复合材料）。书架皆为铁制，坚固且防火，全部书架连在一起可绵延四十公里。座位呈放射状摆放，管理员座席位于中央平台，保证所有座位都可一览无余。

进入阅览室需持首席图书管理员签发的借阅证。拥有此证的读者包括流亡英国的卡尔·马克思、列宁，作家布莱姆·斯托克、柯南·道尔、狄更斯、萧伯纳、弗吉尼亚·伍尔芙等。其中马克思在此苦读三十余年，写就了《资本论》等皇皇巨著。

一九九七年，大英博物馆图书馆的全部藏书被转藏至新落成的大英图书馆（一九九八年开馆，P.018），阅览室内部此后进行了修复。修复后的穹顶焕然一新，重现出当年的光采。

二〇〇〇年，圆形阅览室作为博物馆的信息中心和展览会场首次向公众开放。如今，这里共计馆藏二万五千余件内容与大英博物馆所宣扬的世界文化相关的图书、目录等印刷品。

圆形阅览室是各国文化名流寓居伦敦时最爱流连的场所，它默默见证了整个近代的发展变迁，如今仍静静立于汇聚世界文化精粹的大英博物馆中心。

混凝纸材质的穹顶。

自然采光的大展苑。

相关信息：

创立 / 1953 年

国家 / 英国

规模 / 印刷品 2 万 5000 余件

建筑年代 / 1857 年竣工

设计 / 悉尼·斯默克

联系方法 & 参观信息：

British Museum

Great Russell Street, London WC1B 3DG

Tel. +44 (0)20-73238299

www.britishmuseum.org

information@britishmuseum.org

开放时间 / 闭馆中（截至本书出版）

由铸铁、玻璃打造连接
书架的走廊，结构轻巧。

一七三二年完工的“长厅”。
书架整齐排列在狭长的房间两侧。

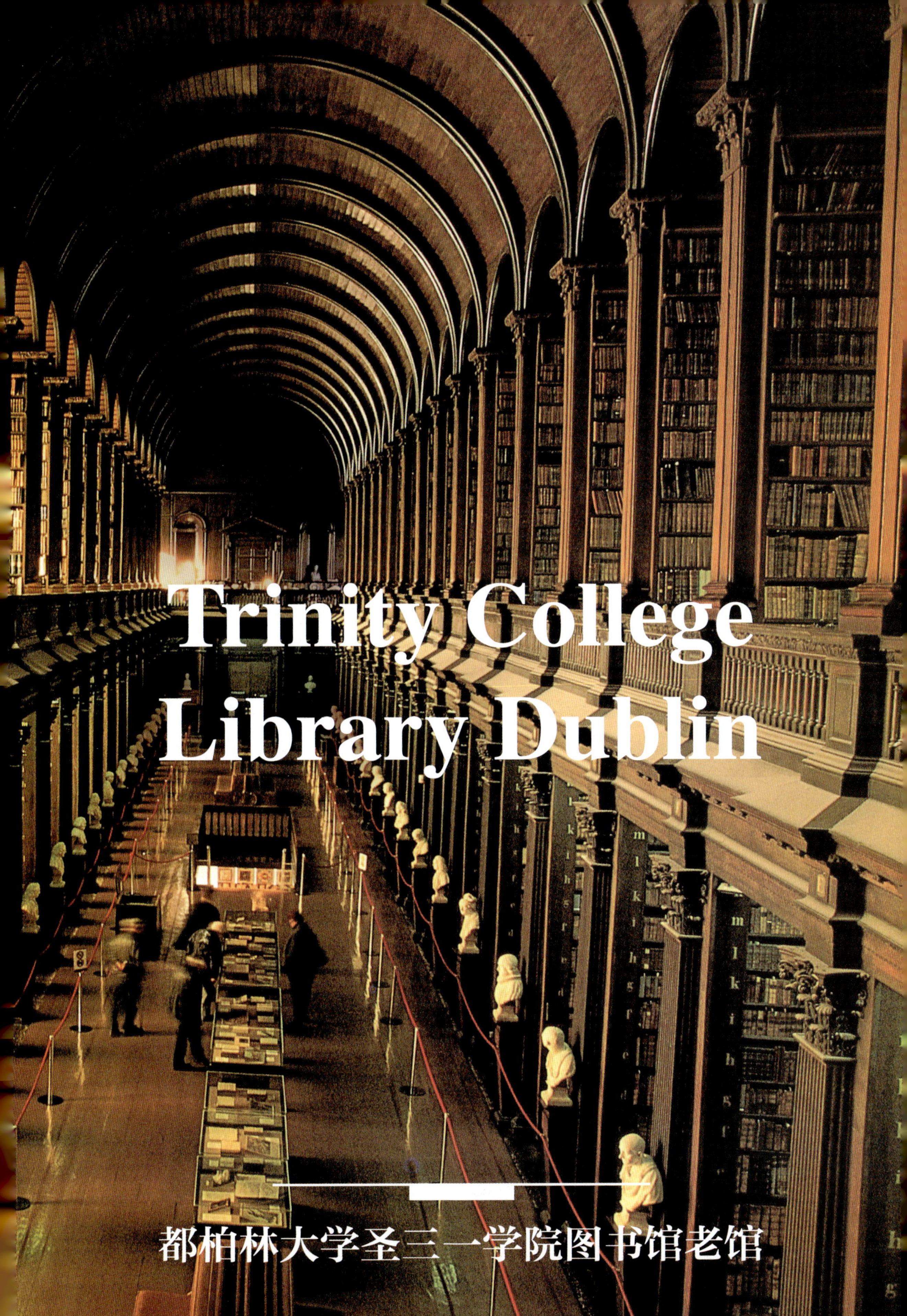
Trinity College
Library Dublin
都柏林大学圣三一学院图书馆老馆

栎木书架上摆放了 20 万册古籍。

在文学之国爱尔兰，在圣三一学院图书馆，与世界最美图书《凯尔经》相遇。

由伊丽莎白一世女王创立于一五九二年的都柏林大学圣三一学院是爱尔兰历史最悠久的大学。乔纳森·斯威夫特、奥斯卡·王尔德、塞缪尔·贝克特等许多爱尔兰文学大家都毕业于此。

圣三一学院图书馆是爱尔兰规模最大的图书馆，主要面向研究者和学生开放，平时面向公众开放的只有老馆。这里是爱尔兰最受欢迎的旅游景点之一，每年吸引五十万人前来观光。

圣三一学院的大部分建筑建于十八世纪，图书馆也不例外。它落成于一七三二年，主持设计的是工程师、建筑家，兼爱尔兰议会议员托马斯·博格。

图书馆最珍贵的藏品是《凯尔经》。这部自十七世纪就归属于圣三一学院的典籍在十九世纪中叶正式纳入学院图书馆的馆藏，现同早期基督教手抄本一同收藏在珍宝室中。最初由凯尔教堂保管的《凯尔经》是一部泥金装饰手抄本，绘成于公元八〇〇年左右，由四部福音书组成，语言为拉丁语。一九五三年，四册《凯尔经》中的两册开始对公众展出，一册展示绘图，一册展示文字。展出的册页会定期更换。

图书馆最负盛名的“长厅”纵长将近六十五米，是老馆最大的房间，也是世界上最大的藏书室。长厅刚落成时，房顶扁平低矮，只在下层设置了书架。一八〇一年，政府规定英国和爱尔兰境内出版的所有书籍必须缴送圣三一学院图书馆保存，长厅的书架即于一八五〇年时用罄。一八六〇年，长厅增高改建，上层走廊也增设了书架，从而演变成现在的样子。

长厅的栎木书架上摆放着全馆最古老的二十万册藏书。其中不乏极为珍稀的文献资料，如在一九一六年复活节起义中发表的《爱尔兰共和国宣言》原稿等。室内展台呈放着部分藏品。

长厅里并列着数十座大理石半身像。一七四三年时，这里的雕像只有十四座，此后渐渐增加，囊括了多位伟大的哲学家、作家以及圣三一学院的校友。其中由路易·弗朗索瓦·鲁比亚克创作的乔纳森·斯威夫特半身像堪称杰作。十七世纪至十八世纪的赞助人姓名以金色文字刻写在走廊上，其中就有英国国王查尔斯二世。还有一件不容错过的藏品是一架据说制于十五世纪的竖琴，它的身影甚至出现在爱尔兰的国徽上。

圣三一学院图书馆里，热爱文化与艺术的爱尔兰之魂生生不息。

相关信息：

创立 / 1592 年

国家 / 爱尔兰

规模 / 藏品 500 万件，其中老馆 20 余万件

建筑年代 / 1732 年竣工

设计 / 托马斯·博格

联系方式 & 参观信息：

Trinity College Dublin

College Street, Dublin 2

Tel. +353 (0)1-8962320

www.tcd.ie/Library/booksofkells/

bookofkells@tcd.ie

开放时间 / 周一至周六 9:30～17:00，周日、节假日 12:00～16:30

闭馆日 / 12 月 23 日至 1 月 1 日

门票价格 / 9 欧元

讲解参观 / 圣三一学院古历史建筑参观行程含图书馆，费用 10 欧元，时间安排随季节变动，须提前确认

庄严恢弘的建筑外观。

玻璃柜里展示着藏书。

古希腊哲学家柏拉图的半身像。

被誉为"世界最美图书"的《凯尔经》。

为增加藏书空间，
1860 年扩建了图书馆二层和拱形屋顶。

主厅风格鲜明的蓝色墙壁。
图片左侧贯穿建筑主体的圆锥形尖塔是图书馆的标志。

TU Delft Library

代尔夫特理工大学图书馆

理工名校的图书馆，屋顶草坪与周围景色融为一体，成为大学和当地的地标性建筑。

荷兰西部的代尔夫特是著名的观光胜地。代尔夫特理工大学就坐落在这座约十万人口的古城中心。

曾主持设计西雅图公共图书馆（P.149）的世界级建筑大师雷姆·库哈斯就曾任教于此。这所名校培养出多位建筑大师，包括荷兰知名的麦肯诺建筑事务所的创立者们。麦肯诺建筑事务所的代表作品之一正是代尔夫特理工大学图书馆，它独特的设计和构造在校园中格外引人注目。

一九九三年，麦肯诺建筑事务所的三名建筑师（弗朗辛·胡本、克里斯·德·威尔、埃里克·冯·埃格拉特）应邀开始设计图书馆新馆。校方希望能打造一处设计新颖、同时兼顾节能环保、与周边环境和谐一体的地标性建筑。

建筑师们便首先考虑把屋顶设计成绿草茵茵的缓坡。绿化良好的屋顶隔热效果极佳，雨水的蒸发还可带走一部分室内温度，在炎热的夏天保持室内凉爽。图书馆标志性的圆锥尖塔高达四十二米，顶部采用开放式设计。既保证了建筑内部的自然采光，还能通过热循环，在冬季起到保温效果。此外，屋顶的草坪还能发挥隔音作用。

图书馆的内部设计也别具匠心。贯穿整个建筑中心高高屹立的尖塔内部是四层的阅览空间，塔基坐落于图书馆主厅。中空设计使得光线毫无障碍地直射底层。主厅里散布着服务台和极具设计感的阅览席，蓝色的墙壁色彩明快，四层书架倚墙而立，五颜六色的书脊与墙壁辉映，宛如一幅巨大的装饰画。

图书馆还辟有地下书库保管藏书。作为一家理工大学的图书馆，其馆藏的最大特点就是丰富的科技类藏书。此外，特藏室里还收藏了一批十九世纪以前的图书、地图、照片等珍贵史料。

一般理工大学的图书馆都会给人以古板的印象。代尔夫特理工大学图书馆却希望可以成为更多校内外人士的休憩场所，建立起人与人之间的桥梁。因此，图书馆会定期召开符合公众口味的座谈会（如关于社交媒体、游戏等话题），开放地下大厅作为音乐厅等，举办很多大家都可以轻松参与的活动。今后图书馆将继续通过各种努力，加强同地方公众的联系与交流。

相关信息：

创立 / 1989 年

国家 / 荷兰

规模 / 图书 86 万 7000 册、刊物 1 万 7300 种，其他

建筑年代 / 1997 年竣工

设计 / 荷兰麦肯诺建筑事务所

联系方式 & 参观信息：

Prometheusplein 1 (building 21), 2628 ZC Delft

Tel. +31 (0)15-2785678

www.library.tudelft.nl

library@tudelft.nl

开放时间 / 8:00～24:00

闭馆日 / 无

门票价格 / 免费

讲解参观 / 可以安排免费参观，须提前两周申请

图书馆屋顶覆盖草坪，是人们休闲的好去处。

倚墙而立摆放大量藏书的书架。
醒目的蓝墙透过书本间隙闪现。

紧邻主厅的阅览室。
挑高的屋顶加上玻璃幕墙，使室内宽敞明亮。

馆内有近千个座位。
考试期间一直开放到凌晨两点。

塔内共分四层，
用作阅览室。

俯瞰儿童阅览区。
筒形书架和看似随意摆放的时尚座椅构建出充满童趣的空间。

Openbare Bibliotheek Amsterdam

阿姆斯特丹公共图书馆总馆

整齐美观的杂志阅览区，
陈列着来自国内外的主要杂志期刊。

儿童阅览区的书架。
上下旋转楼梯使孩子们宛如置身游乐园。

坐落于阿姆斯特丹东港、设计前卫的多功能图书馆，代表了图书馆建筑未来的趋势。

二〇一二年，阿姆斯特丹公共图书馆获选荷兰最佳图书馆。包括各分馆在内，阿姆斯特丹公共图书馆共由二十六个图书馆组成，其中二〇〇七年七月七日开放的总馆位于奥斯特多克塞兰德岛码头（东港），距离阿姆斯特丹中央车站步行仅需七分钟。该馆是欧洲规模最大的公共图书馆，代表着图书馆未来的发展趋势，使用者人数也稳居荷兰第一。

总馆的设计理念是，除图书馆常规功能外还要打造成广大公众的休闲场所。馆内覆盖Wi-Fi信号，千余个座位中，半数都备有可上网的电脑。此外，可以玩游戏、看DVD的多媒体室、适用于各种会议的会议室、能容纳二百五十人的报告厅等设施也一应俱全，让每个来访者都能在馆里度过一段惬意时光，是一处惠民便民的文化设施。

总馆有一项非常新颖的特殊服务，即通过FM广播电台轮流播报最新流行单曲与图书馆资讯。馆内还为喜欢一个人静静读书的读者提供胶囊式的独立隔间。在设于顶层的咖啡馆、餐厅则可以饱览阿姆斯特丹老城的全景。每一项设置都可谓体贴入微。

除了完善齐全的设施，由荷兰著名建筑师雅·柯伦亲自操刀的总馆外观也十分独特。天然石材打造的主立面由顶部向外延伸出巨大屋檐，既不突兀又极具张力，令人印象深刻，是当之无愧的城市中心地标。图书馆共有地下一层，地上九层。对中庭、玻璃窗、隔断的灵活运用，让图书馆通透敞亮而不显压抑。

儿童区的筒形书架完全颠覆了图书馆的传统形象，大人和孩子可以一起在书架上愉快地找书。这样别具魅力的设计，还体现在座椅、照明等方方面面，给以白色为主调的图书馆增添不少光彩。图书馆还会展出知名艺术家的作品兼做馆内装饰，并每月更换。这种近似美术馆的艺术氛围令人赞不绝口，成为吸引读者的一大原因。

总馆藏书约五十万册，书架连起来总长可达二十五公里。其中文化艺术类的海量藏书，在国内外都首屈一指。此外，图书馆还拥有荷兰国内最大规模的CD、DVD等数字馆藏。

二〇〇八年，阿姆斯特丹市被联合国教科文组织评选为“图书之都”。这份荣誉里，有着阿姆斯特丹公共图书馆总馆沉甸甸的贡献。

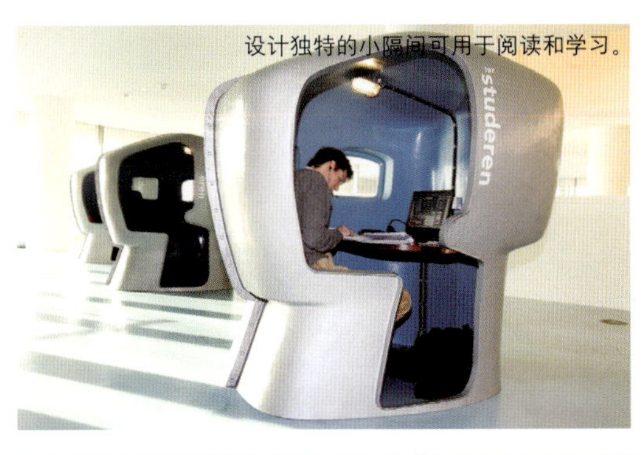

设计独特的小隔间可用于阅读和学习。

与周边环境完美融合的入口设计。

相关信息：

创立 / 1919 年

国家 / 荷兰

规模 / 图书 50 万册、报纸、杂志、数字资料，及其他

建筑年代 / 2007 年竣工

设计 / 雅·柯伦

联系方式 & 参观信息：

Oosterdokskade 143，1011 DL Amsterdam

Tel. +31 (0)20-5230900

www.oba.nl

klantenservice@oba.nl

开放时间 / 10:00～22:00

闭馆日 / 无

门票价格 / 免费

讲解参观 / 免费，须提前预约

儿童阅览区空间宽敞舒适，
孩子们可以自由玩耍，极受父母和孩子们的欢迎。

多媒体室设计独特的座椅。
在这里可以看 DVD、玩游戏。

CD・DVD 区。
筒形的碟架会随光照变换颜色，内部是视听室。

Central Europe

Northern Europe

中欧
北欧

承载着哈布斯堡家族光辉荣耀的奢华馆舍被誉为世界最美图书馆。

Österreichische Nationalbibliothek

奥地利国家图书馆

一七三七年竣工的豪华大厅，
图右雕像为下令兴建的查理六世。

前身为皇家图书馆，拥有世界首屈一指的巴洛克式建筑，收藏众多哈布斯堡家族的珍品。

坐落在维也纳内城区的霍夫堡皇宫是世界文化遗产之一。奥地利国家图书馆就在这座尽显哈布斯堡家族昔日辉煌的宏伟宫殿里。

奥地利国家图书馆的前身是皇家图书馆。哈布斯堡家族为了将自十三世纪起历经数世纪却散佚各地的藏书统一管理，下令将所有藏书集中到皇宫。随着藏书不断增加，十八世纪二十年代，查理六世命人在霍夫堡皇宫修建图书馆，这就是如今的“豪华大厅”。

此后，皇家图书馆逐渐成为保管国家档案的重要机构，并面向公众开放。第一次世界大战的惨败和接踵而来的革命，结束了奥地利的君主统治。一九二〇年，皇家图书馆更名为“国家图书馆”。后来随着新馆落成，图书馆规模进一步扩大，藏书也进一步丰富了。

这里最大的看点豪华大厅是一座纵深八十米、高二十米的华丽殿堂，由巴洛克式建筑的代表建筑师费舍尔·冯·埃拉赫父子共同设计。约翰·伯恩哈德去世后，他的儿子约瑟夫·伊曼纽尔继续完成了设计工作。工程自一七二三年起历时十四年才得以竣工。宫殿以椭圆形大厅为中心，两侧设翼廊，共收藏有近二十万册皮革装帧的古书。

穹顶和墙壁的壁画由宫廷画家丹尼尔·格兰创作，描绘了诸多寓言故事。自椭圆形天窗洒入的柔和光线，将中央大穹顶上的壁画烘托得更加耀眼夺目。穹顶之下，鎏金大理石柱熠熠生辉，并立的胡桃木书架四周摆放着查理六世等人的大理石雕塑和巴洛克风格的地球仪。所有元素完美融合，营造出一个绝美的巴洛克空间。奥地利国家图书馆也由此被誉为“世界上最美的巴洛克式图书馆”。

奥地利国家图书馆拥有众多特藏，附设四家博物馆，藏品共计一千万余件。其中，图书、刊物报纸超过三百五十万册。除此以外还有手抄本、古版书（指公元一五〇〇前欧洲的活字印刷品）、乐谱、照片、地图、地球仪等。手抄本几乎囊括了公元四世纪以来各语种的典籍，包括入选联合国教科文组织《世界记忆名录》的珍贵史料、古罗马学者迪奥科里斯的代表作《药物论》。乐谱中则有海顿、莫扎特、贝多芬、舒伯特等大师们的曲谱手稿。

此外，馆内还藏有十八万件三千多年前的古埃及纸莎草，数量居世界首位。其中的二百余件藏品会定期在馆内的纸莎草博物馆展出。

奥地利国家图书馆近年来正积极推进数字化工程，内容涵盖十六到十九世纪的约六十万册图书。目前首批十万册图书已上线供读者查阅。数字图书馆未来的发展令人期待。

豪华大厅的书架上摆放着十六到十九世纪的图书。

图书馆一隅以及新王宫。

相关信息：
创立 / 14 世纪
国家 / 奥地利
规模 / 藏品 1000 万件
建筑年代 / 1737 年竣工（豪华大厅）
设计 / 约翰·伯恩哈德·费舍尔·冯·埃拉赫、约瑟夫·伊曼纽尔·费舍尔·冯·埃拉赫

联系方式 & 参观信息：
Josefsplatz 1, 1015 Wien
Tel. +43 (0)1-53410
www.onb.ac.at
onb@onb.ac.at
开放时间 / 10:00～18:00，周四 10:00～21:00
闭馆日 / 周一（纸莎草博物馆节假日、12 月 24 日、31 日闭馆）
门票价格 / 7 欧元（豪华大厅），4 欧元（豪华大厅以外所有博物馆）
讲解参观 / 除豪华大厅外，另有多种参观讲解线路可供选择，收费

以椭圆形大厅为中心，向两侧延伸的翼廊。
天窗射下的光线照亮了穹顶壁画。

LIII

图书馆的大阅览室。
穹顶壁画与修道院大理石厅中描绘哈布斯堡家族统治的壁画属同一组。

Stiftsbibliothek Melk

梅尔克修道院图书馆

大阅览室大门两侧的雕像象征着不同的学术领域。
图中可见门内小阅览室的旋梯一角。

大阅览室的另一侧。装饰精巧的书架上
整齐摆满皮革装帧的图书，蔚为壮观。

精致的古籍，厚重的书架，华美的壁画，传承自中世纪的知识宝库。

梅尔克修道院耸立于维也纳以西约八十公里处的一座悬崖上，俯瞰多瑙河，气势恢弘，摄人心魄。二〇〇〇年，修道院及其所在景区一同入选联合国教科文组织《世界文化遗产名录》。修道院的附属高中亦作为奥地利现存最古老的高中闻名于世。梅尔克修道院建成于一〇八九年，图书馆是院内众多建筑中仅次于教堂的重要设施。修道院建成当年，本笃会教派的修道士们从莱姆巴赫修道院带来了大量图书，修道院图书馆的历史由此开启。

这座巴洛克式的图书馆是在修道院院长贝特霍尔德·迪特梅耶的主持下，于十八世纪初建成的。馆内厅室众多，最重要的是大阅览室和小阅览室。大阅览室里，烫金牛皮装帧的书籍分门别类整齐排列，木制书架上饰有精致的镶嵌图案。图书和书架宛如最优美的和声，吟唱着此间厚重的历史。阅览室出口、入口处的大门两侧各有一座雕像，分别代表宗教、哲学、医学、法学四个领域，同时指示着各领域藏书的位置。考虑到室内昏暗会影响修道士们学习，设计者还特意在书架上安装了隐形窗门，推开后光线就可以射入。

馆内的穹顶壁画由保尔·特罗格绘制。大阅览室壁画中间的女性象征着信仰，周围环绕着分别代表“贤明”“公正”“勇气”与“节制”的四位天使。小阅览室紧邻大阅览室，室内壁画是关于“学问”的寓言故事，除此之外，这里还有一座华丽的洛可可式旋梯。

梅尔克修道院图书馆共有藏品十万余件。包括九世纪以后的手抄本一千八百册，古版书七百五十册，以及一千七百册十六世纪以来的图书。一九九七年，馆内又发现了部分《尼伯龙根之歌》的十三世纪誊写本，在一战二战期间，迫于财务压力，图书馆不得不放弃了一些珍贵的手抄本和古版书。一九二六年卖掉的《谷登堡圣经》，如今收藏在美国耶鲁大学的拜内克古籍善本图书馆内（P.144）。

除了图书馆，梅尔克修道院还有“大理石厅”、教堂、博物馆等多处古迹，前来参观的游客络绎不绝。

相关信息：

创立 / 1089 年

国家 / 奥地利

规模 / 藏品 10 万件

建筑年代 / 1735 年内部竣工（豪华大厅）

联系方式 & 参观信息：

Abt-Berthold-Dietmayr-StraBe 1, A-3390 Melk

Tel. +43 (0)2752-5550

www.stiftmelk.at

tours@stiftmelk.at

开放时间 / 5 月到 9 月 9:00～17:30，4 月、10 月 9:00～16:30，11 月到 3 月仅限团队游客

闭馆日 / 无

门票价格 / 10 欧元（博物馆、大理石厅、教堂、图书馆通票）

讲解参观 / 12 欧元（含博物馆、大理石厅、教堂、图书馆），须提前预约

矗立在瓦豪河谷悬崖上的修道院俯瞰多瑙河。

世界最大的修道院图书馆。
建馆以来的首次修复工程于二〇〇八年完成，馆内阅览室重现昔日光彩。

Stiftsbibliothek Admont

阿德蒙特修道院图书馆

描绘宗教、学术、艺术三者联系的穹顶壁画，与图书馆的氛围相得益彰。

世界最大的修道院图书馆，华丽壮美的巴洛克空间收藏着无数中世纪以来的珍本。

“没有图书馆的修道院，就像没有武器库的要塞”，正如此言所说，在中世纪的欧洲，修道院和图书馆拥有着密不可分的关系。

本笃会的阿德蒙特修道院坐落在自然资源丰富、风光秀丽的奥地利中部，一〇七四年创院伊始，其母院圣彼得修道院将大量书籍转移至此，阿德蒙特修道院图书馆的历史拉开了帷幕。之后，修道院创立者——萨尔茨堡的大主教盖布哈特也向图书馆捐赠了大批藏书，其中就包括镇馆之宝《大圣经》。

十二世纪中叶，修道院设立抄写室，为本院及其他修道院抄制了大量经书。印刷术问世后，图书馆的藏书量显著增加，到十六世纪末，所藏活字印刷书籍已达三千多册。如今，从十六世纪到二十世纪初的近七万册藏书籍几乎摆满了阅览室的四墙。此外，馆内还藏有众多珍本，包括一千四百本古代手抄本、五百三十本古版书。它们都被精心保管在可控室温的专用书库中。

后巴洛克风格的现存图书馆建成于一七七六年，由出生维也纳的建筑家约瑟夫·胡贝尔设计。初落成时，它的奢华程度令所有人叹为观止。主厅长七十米、宽十四米、高十三米，是目前世界上规模最大的修道院图书馆。阅览室内摆放着白底饰金的洛可可式书架，四十扇窗户交错其间，阳光自窗口射入投照在书架上，令满室生辉。

七个穹顶上的壁画皆由当时已年逾八十的画家巴尔托洛梅奥·托蒙第绘制，表现了艺术、学术与宗教之间的关联，同时蕴含自然科学、法学、宗教等寓意。

穹顶下典型的巴洛克风格雕塑，出自约瑟夫·施泰因迈尔之手，烘托出整间阅览室的高雅格调。其中一组题为“最后的四个场景”的座雕像尤为著名。菩提木为底，上镀青铜的四座雕像分别名为“死亡”“最后的审判”“地狱”和“天国”。它们两两相对，安放在大理石柱和书架之间。其中“地狱”表现的是“傲慢”“吝啬”“懒惰”“色欲”等七宗罪的内容，寓意深远。

阅览室的地板也是一大亮点。由七千块大理石铺就，白、红、灰三色相间，从各个角度看都美不胜收，绝对不容错过。

表现七宗罪的雕塑“地狱”，右下角的孔雀代表七宗罪之一“傲慢”。

修道院外景。

相关信息：

创立 / 1074 年

国家 / 奥地利

规模 / 藏品 20 万件

年代 / 1776 年竣工

设计 / 约瑟夫·胡贝尔

联系方式 & 参观信息：

A-8911 Admont 1

Tel. +43 (0)3614/2312-601

www.stiftadmont.at

kultur@stiftadmont.at

开放时间 / 夏季 10:00～17:00，冬季周四至周六 10:00～12:00、周日 10:00～13:00

闭馆日 / 元旦，12 月 24 日至 26 日，冬季周一至周三

门票价格 / 夏季 9.5 欧元（含讲解参观、博物馆门票），冬季 7 欧元（含博物馆门票）

讲解参观 / 10:30、14:00 各一场，时长 40 分钟，费用包含在门票内

后巴洛克风格的华美大厅。
从二楼俯瞰，大理石地板上的图案清晰鲜明。

THEOLOGI

馆内的奥古斯特阅览室。
参观者还可以申请到其他阅览室阅读藏书。

Herzog August
Bibliothek
奥古斯特公爵图书馆

阅览室目前用于举办展览，
还时常举办讲座等活动。

坐落在德国北部小镇的大型图书馆，由酷爱藏书的公爵创建，美丽的建筑内是一个珍贵史料的宝库。

位于德国西北部下萨克森州的小镇沃尔芬比特尔宁静美丽，耕地环绕，人口仅有五万一千余人。这里坐落着一座对中世纪与近代文化史研究者而言地位举足轻重的学术资料宝库——奥古斯公爵图书馆。

一五七二年，执政当地的朱利叶斯公爵将其部分官邸辟为图书室，即为奥古斯特公爵图书馆的前身。该图书馆得名自一六三五年继承爵位的奥古斯特公爵，他酷爱藏书，据说去世时私藏多达十三万五千册。一六六六年起，这些藏书开始向公众开放。此后在历任馆长的努力下，图书馆的馆藏逐步增加。

著名的哲学家莱布尼茨也曾在这里担任馆长。他是欧洲第一位用系统方法管理图书馆的人，在其努力下，奥古斯特公爵图书馆不再是从属于修道院等机构的图书“室”，而成为独立的私立“图书馆”。现存的图书馆主楼奥古斯特馆建于一八八七年，建筑正面的纵横比例、拱形窗设计及四根中央立柱都体现着十九世纪的新文艺复兴风格。

二十世纪六十年代，建筑师弗里德里希·威廉·克莱门主持了奥古斯特馆的改建，著名的奥古斯特阅览室由此面貌一新。改建前的阅览室一层摆放书架，二层是窗户，不太具备图书馆的特征。克莱门为了方便读者浏览取阅，精心设计了环绕大厅的三层书架和通往各层的旋梯。巧妙的照明装置使得读者一进入室内，视线就会被灯光吸引到书架上。

除了德语书，馆内还藏有包括拉丁语、意大利语、法语文献在内，涉及法学、医学、史学等二十个领域的一百万件馆藏，其中手抄本一万二千册，一八五〇年前的印刷品四十万册，数字化古籍两万册，以及大量极为罕见的十五世纪宗教木版画。

古希腊、古罗马时期曾将七座著名建筑并称为“世界七大奇迹”，十八世纪的德国盛赞奥古斯特公爵图书馆为“第八大奇迹”。自一九八九年起，该馆纳入下萨克森州文化部的管辖，至今仍是国内外学者进行研究的圣地。

建于一八八七年的主楼奥古斯特馆。

相关信息：

创立 / 1572 年

国家 / 德国

规模 / 藏品 100 万件（包括分馆馆藏在内）

建筑年代 / 1887 年竣工，1960 年代再建

设计者 / 弗里德里希·威廉·克莱门（改建）

联系方式 & 参观信息：

Lessingplatz 1, 38304 Wolfenbüttel

Tel. +49 (0)5331-8080

www.hab.de

auskunft@hab.de

开放时间 / 10:00 ~ 17:00（奥古斯特馆，展览区）

闭馆日 / 周一、元旦、圣诞等（奥古斯特馆，展览区）

门票价格 / 5 欧元（奥古斯特馆，展览区）

讲解参观 / 周日及节假日 11:00，无须预约；周二至周六须提前预约，均免费

自中世纪流传至今的古籍在这里得到了妥善保管。

图书馆外观。棕褐色的“铁锈桶”和图书馆以黄色通道相连。

Philologische
Bibliothek der
Freien Universität
Berlin
柏林自由大学文献学图书馆

馆内的中庭设计极具开放感。
阅览席环绕二至四层的平台边缘而设。

相关信息：

创立 / 2005 年

国家 / 德国

规模 / 图书 70 万册，刊物 800 种

建筑年代 / 2005 年竣工

设计者 / 诺曼 · 福斯特

联系方式 & 参观信息：

Habelschwerdter Allee 45, 14195 Berlin

Tel. +49 (0)30-83858888

www.fu-berlin.de/sites/philbib/

info@philbib.fu-berlin.de

开放时间 / 周一至周五 9:00～22:00，周六、周日 10:00～20:00

闭馆日 / 节假日

门票价格 / 免费

讲解参观 / 可提供免费讲解器（德语、英语）

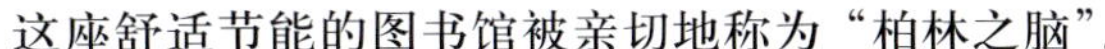

这座舒适节能的图书馆被亲切地称为“柏林之脑”。

德国前总理施罗德的宅邸所在地、柏林西南部宁静的达雷姆街区，分布着柏林自由大学的各个校区。该大学于一九四八年建校，目前共有三万一千名在校生。所开设的学科数量和在校生总数在德国综合性大学中都位居前列。

二〇〇五年建成的校文献学图书馆得到了广大师生和普通公众的热情关注。所谓文献学，是指对特定语言的历史、重要著作及语法、修辞等方面进行的研究。柏林自由大学曾经拥有不同语种的文献学图书馆共十一座，后因为馆与馆之间往来不便，校方于二〇〇一年开始新建可整合全部约七十万册文献学藏书的新馆。由英国建筑家诺曼·福斯特负责设计。

新馆建筑内部为混凝土结构，外覆椭圆形屋顶。屋顶共分两层，外层由不透明的铝板和透明的玻璃板交错拼成，内层为半透明的玻璃纤维板。这些板材都可以自由开合，有助于通风换气、调节温度。此外，玻璃纤维板可以使自然光线均匀扩散，令室内拥有良好的采光。全馆设计充分考虑节能性与舒适度，营造出绝佳的学习环境。

图书馆正中是中庭，在此可将全馆一览无余。借阅台位于一层，二到四层摆放书架，阅览席位设在每一层的平台边缘。学生们在半透明的屋顶笼罩下学习，有如置身于一枚发光的贝壳之中，明亮的环境有利于集中精力。图书馆各层全部打通无隔断，为了减少噪音，地板上还铺设了绒毯，天花板也做了隔音处理。

全馆占地六千二百九十平方米，共有六百五十个阅览席位（包括配备电脑的席位一百个，配备工作站的席位十四个)，覆盖无线网络，为勤奋的学生提供全方位支持。由于外观酷似大脑，图书馆又被称为“柏林之脑”。

除了图书馆，设计者福斯特还负责了图书馆管理楼的改建。这座建于二十世纪六十年代的建筑紧邻图书馆，外墙铁板已锈迹斑斑，被人称为“铁锈桶”。为了尽量维持建筑原有的颜色，福斯特使用铜材打造建筑外观，并且将图书馆和管理楼以黄色通道相连。这样一来，从“铁锈桶”到图书馆，色彩层次鲜明，呈现出由铜到黄渐次到白的流动感。

最高层的休息区非常适合小组学习。
贝壳状的屋顶散发出柔和的光晕，在这样的环境里学习是什么感觉呢？

各楼层的曲线形平台。
阅览席面朝中庭设在平台边缘。

一层正中是借阅台，
背后为通往各层的楼梯。

图书馆的中庭“洛可可大厅”。
白色为主的内部装潢饰以金漆，与馆藏古籍交相辉映。

Herzogin Anna Amalia Bibliothek

阿玛丽亚公爵夫人图书馆

“洛可可大厅”里的油画和塑像。
大厅顶层是特别阅览室。

在这座浴火重生的美丽图书馆里触摸德意志文学的历史。

历史悠久的阿玛丽亚公爵夫人图书馆是德国古典主义建筑的代表，最初由威廉·恩斯特公爵于一六九一年主持设立。一九九一年创馆三百周年之际，为纪念赞助人安娜·阿玛丽亚公爵夫人，图书馆被命名为“阿玛丽亚公爵夫人图书馆”。作为一座文学及文化史方向的研究型图书馆，它重点收藏了一八〇〇年前后的德意志文学作品约一百万册，其中一八五〇年前的图书达二十万册。珍藏有世界上版本最全的歌德名著《浮士德》，及属于宗教改革家马丁·路德的圣经。此外文学巨匠歌德还曾受雇于卡尔·奥古斯特大公管理过这座图书馆，自一七九七年起直至去世，时间长达三十五年。

图书馆原本位于恩斯特公爵府邸。一七六六年，阿玛丽亚公爵夫人下令，将十六世纪建造的公馆“绿宫”改建为图书馆。迁址后的新馆二层建造了华丽的阅览室“洛可可大厅”，环绕两道后洛可可风格的精致回廊。十八世纪又新建了塔楼、改建了部分建筑，形成了图书馆现有的规模。

洛可可大厅所在建筑，于一九九八年和魏玛其他象征德国古典主义的建筑一起入选联合国教科文组织的《世界文化遗产名录》。但天有不测风云，二〇〇四年九月二日，因电路故障引起的火灾吞噬了图书馆的上面几层和五万册珍贵藏书。另有六万二千册图书在灭火时受损。馆方后对受损图书进行了修复，但洛可可大厅的一道回廊被完全烧毁，再难恢复旧貌，最终被改造成特藏阅览室，供读者阅读乐谱和古版书。

火灾发生前，图书馆就有修缮改建的计划。由建筑家沃尔特·格林瓦尔德领衔的团队早在当年春天就已筹建。火灾造成的损失致使改建费用远远超出预算。修复后的图书馆脱胎换骨焕然一新，于二〇〇七年十月二十四日重新向公众开放。

作为扩充设施，由魏玛建筑家希尔德·鲍尔茨·马尔法蒂、卡尔·海因兹·施迈斯设计的研究中心在二〇〇五年顺利完工开放。场馆中央是现代风格的中庭式书库，被称为“书的立方体”。二〇〇六年，研究中心荣获图灵根州政府颁发的“建筑与城市建设大奖”。

为保护历史建筑，洛可可大厅每日只限二百九十人进入。由于参观者众多，预售门票常在数周甚至数月前就被预订一空。不过买不到预售门票也没关系，除周一外，每天九点半开始，图书馆会出售七十张当天的门票。另外，馆内还有可免费参观的“文艺复兴大厅”，这里常年举办各类展览。馆内设施也十分齐全，配有电梯和无障碍厕所等，方便每一位来访游客。

围绕中庭的回廊上书架整齐排列。

洛可可大厅所在建筑外观。

相关信息：

创立 / 1691 年

国家 / 德国

规模 / 图书 100 万册，另有手抄本、地图及其他

建筑年代 / 2007 年主馆修复，2005 年研究中心竣工

设计 / 沃尔特·格林瓦尔德（主馆修复）、希尔德·鲍尔茨·马尔法蒂、卡尔·海因兹·施迈斯（研究中心）

联系方式 & 参观信息：

Platz der Demokratie 1, 99423 Weimar

Tel. +49 (0)3643-545400

www.klassik-stiftung.de/einrichtungen/herzogin-anna-amalia-bibliothek/

info@klassik-stiftung.de

开放时间 / 10:00～14:30（洛可可大厅）、9:30～17:00（文艺复兴大厅）

闭馆日 / 周一

门票价格 / 洛可可大厅 7.5 欧元（含讲解器费用），文艺复兴大厅免费

讲解参观 / 讲解器租赁费用包含在门票中

研究中心的中庭式书库，
风格现代，又被称为“书的立方体”。

五层以上的各层环绕中庭呈天井式结构，极具开放感。

Stadtbibliothek Stuttgart am Mailänder Platz

斯图加特市立中央图书馆

光线通过玻璃屋顶洒入室内。
屋顶上是露台。

在这座从构想到实现历经十四年的纯白色巨大空间里，书和读者是其中的亮色。

二〇一三年，斯图加特市立中央图书馆获得优秀图书馆大奖“年度图书馆奖”。这座备受瞩目的图书馆充分运用多媒体手段，为市民提供舒适的学习场所。这里每天开放至晚上九点，还专设“失眠者图书角”，二十四小时提供电影碟片及有声读物等的出借服务。馆藏图书和多媒体服务涉及多种语言，方便非德语读者。图书馆每年还会举办多达四千余场次的文化活动。

在斯图加特，包括移动图书馆在内共有二十余个市立图书馆，其中最为重要的便是坐落在德铁旧货车站遗址米兰广场上的市立中央图书馆。它是当年新城市规划的一环，用以取代自一九六五年以来履行中央图书馆职能的威廉宫殿图书馆。一九九七年，规划正式敲定，当地市政府与德铁房地产共同举办设计大赛遴选建馆方案，最终采用了大赛获胜者、建筑家李恩永的设计。耗资七千九百万欧元(内部装修四百万欧元)的斯图加特市立中央图书馆于二〇一一年竣工开放。

图书馆外观为简洁的立方体，四立面的左上角分别雕刻着德语、英语、阿拉伯语、韩语四种语言的“图书馆”字样。内部则以白色为主调，纯白色的地板、墙壁、天花板协调统一，整体风格优雅简约。这样的设计引来赞声一片，但也有人讽刺它单调牢固的外观“形”似监狱。

建筑立面为双层结构，外层由混凝土和磨砂玻璃砖组成，内层是玻璃幕墙。两层墙体之间留有步行空间，并设有露台。

穿过入口大厅后，就到了图书馆的“心脏”。这是一个由四面墙壁围绕起来的巨大立方体，挑高四层，贯穿建筑中心。沿着周围楼梯上到五层，整体氛围陡然一变，呈现在眼前的是一个敞亮的纯白色空间。五层到顶层环绕中庭形成了一个“天井”。面向中庭的开放式回廊通往各个阅览室并摆满书架。天井呈倒金字塔状，越高层的空间越大。作为最高层的九层设有玻璃结构的自助餐厅。在面向读者开放的屋顶天台上，还可俯瞰斯图加特美景。

每到夜晚，斯图加特市立中央图书馆就会亮起夜景灯。整座建筑宛如披上了蓝色的光之羽衣，梦幻而唯美。

外墙上的“图书馆”字样。

简约的立方体外观。

相关信息：
创立 / 1901 年
所在国 / 德国
规模 / 图书 50 万册
建筑 / 2011 年竣工
设计 / 李恩永

联系方式 & 参观信息：
Mailänder Platz 1, 70173 Stuttgart
Tel. +49 (0)711-21691100
www1.stuttgart.de
stadtbibliothek@stuttgart.de
开放时间 / 9:00～21:00
闭馆日 / 周日及节假日
门票价格 / 免费
讲解参观 / 可以提供，具体须咨询图书馆。自由参观提供免费讲解器，也可下载免费的语音导游手机应用

一片纯白的阅览室。在这白色的舞台上，书和读者才是主角。

玻璃外立面充满曲线美，令人难分前后。

IKMZ der Brandenburgische Technische Universität Cottbus

勃兰登堡工业大学科特布斯校区图书馆

光线透过窗户射入阅览室，
白灰色调的空间散发出沉静之美。

信息服务台与特意设计的
螺旋状照明灯。

这栋洋溢着未来感的建筑既是满足信息时代要求的大学图书馆，也是为普通读者提供终身教育的场所。

作为学校的信息·交流·媒体中心（IKMZ），勃兰登堡工业大学科特布斯校区图书馆承担着学术和教学上的辅助作用。这座广泛应用多媒体技术、充分满足信息化需求的图书馆，曾在二〇〇六年荣获优秀图书馆大奖“年度图书馆奖”，二〇〇七年又斩获德国建筑师联合会颁发的“尼克奖”最高荣誉。作为一座大学图书馆，勃兰登堡工业大学图书馆同时致力于普及知识、提供终身教育、促进当地经济发展，经常面向公众举办图书馆开放日等活动，向地方上传播新技术、提供学术帮助。

早在一九九一年大学成立之初，校图书馆的筹建工作就已提上日程。一九九四年选址确定，一九九八年，世界知名的赫尔佐格和德梅隆建筑事务所承接了设计工作。经过多次延期，图书馆终于在二〇〇一年动工，历时三年建成。这座建筑高三十二米，公共空间达五千六百八十平方米，设地下两层、地上八层（地下一层至地上七层均面向公众开放），宏伟大气，但造价仅为三千万欧元。

钢筋混凝土结构的建筑物外侧覆盖了两层玻璃立面，勾勒出酷似变形虫的曲线，奇特的外观让人难辨前后。两层立面共使用五千多块玻璃板材，内侧立面更是采用隔热型玻璃。内外立面上均饰有丝网印刷的白色文字，远远望去，重合的字迹如同轻笼在图书馆之上的白纱。

馆内各层的设计虽各不相同，但都尽量避免使用隔断，确保了宽敞的空间，方便图书馆举办各种活动。另外内部装修也充分考虑了残障人士的需求，地面不设任何阶梯，还配备了无障碍电梯。

全馆最醒目的要数直径六米贯穿二到七层的旋梯，和色彩鲜艳的地板、墙壁了。设计者大面积运用彩漆，是为了在有限的预算下，打造出亮丽的内景，此举最终效果绝佳。就连厕所也一样，天花板、墙壁和门被漆成同一种颜色，如同一个前卫的艺术空间。

馆里最受读者欢迎的是七层的读书室。这里能够望见美丽的校园景色。缴纳押金后，就可以拿到个人阅览室的钥匙。在这个不被打扰的小空间里，或集中精神读书，或略做小憩，都无比惬意。

透过窗户看到的咖啡厅。

金属天花板映照出地板的颜色。

相关信息：

创立 / 2005 年

国家 / 德国

规模 / 图书 90 万册

建筑年代 / 2004 年竣工

设计 / 赫尔佐格和德梅隆建筑事务所

联系方式 & 参观信息：

Platz der Deutschen Einheit 2, 03044 Cottbus

Tel. +49 (0)355-692373

www.tu-cottbus.de/ikmz

service-ikmz@tu-cottbus.de

开放时间 / 周一至周五 9:00～22:00，周六 9:00～13:00，周日 17:00～22:00

闭馆日 / 无

门票价格 / 免费

讲解参观 / 5 人以上可以安排，需要预约

入口处的休息区和
色彩亮丽的旋梯。

壮观华美的“神学厅”。
图片左侧是 17 世纪的旋转式书架。

Strahovská
Knihovna
斯特拉霍夫图书馆

神学厅绚丽的天顶壁画和
美轮美奂的灰泥雕饰。

穿越历史的惊涛骇浪，将中世纪至近代的智慧与美延续至今，是布拉格最著名的修道院图书馆。

以布拉格城堡闻名的捷克首都布拉格城堡区还坐落着另一处胜地——斯特拉霍夫修道院。修道院一一四三年由普雷蒙特雷修会建立，附属图书馆自此开始收藏书籍，在随后数个世纪里却历经浮沉。

第一次劫难是十三世纪中叶的一场大火。十五世纪又因卷入胡斯战争而毁于战火。到了十六世纪末，修道士们开始重建图书馆，但在一六四八年遭受瑞典军队袭击，致使大量藏书被劫掠至北欧。直到席卷欧洲全境的三十年战争（一六一八～一六四八年）结束，修道院才重新开始在“神学厅”藏书，并演变成一座真正意义上的图书馆。到了二十世纪五十年代，社会主义政权禁止各种形式的宗教活动，图书馆被划为国家博物馆的一部分，修道院的财产被分散至各国营机构。直到一九八九年政权更迭，大部分财产得到返还，斯特拉霍夫图书馆才终于迎来了安宁。

神学厅是在修道院院长希恩海姆的主持下，自一六七一年开始历时八年建成的。意大利裔的捷克建筑家乔万尼·多梅尼科·奥尔西为书架设计了线条优美的巴洛克风装饰。五十年后神学厅扩建之际，修道士画家诺瑟茨基在天花板上绘制了壁画，主要描绘圣经箴言和希恩海姆院长的哲学思想。神学厅目前藏有一万八千余册神学类书籍。除此之外，还有十七世纪的旋转式阅书架、地球仪、天球仪，以及书商和作家的守护神——福音书作者圣约翰的木制雕像。

“哲学厅”是斯特拉霍夫图书馆的另一处著名景点。为了存放日益增加的藏书，十八世纪末，修道院院长梅尔委托意大利建筑家扬·伊格纳兹·帕里亚蒂修建此厅。这座两层建筑长三十二米，宽十米，高十四米。奥地利画家安东·茂伯特施茨为其绘制了气势恢弘的天顶壁画。厅内收藏的各领域书籍多达四万二千余册。

全馆的镇馆之宝是制作于公元九世纪的手抄本《斯特拉霍夫福音书》，其红色天鹅绒封面上镶嵌水晶和珐琅，装帧豪华，堪称工艺品。此外，图书馆的特藏室中还收藏了一千五百余册古版书和三千册手抄本。

斯特拉霍夫图书馆因其在捷克历史中发挥的重要作用而闻名整个欧洲。现在，馆内除十八世纪前的基督教相关书籍外，还收藏有众多十九到二十世纪的捷克文学作品。

“哲学厅”。来自世界各地的游客络绎不绝。

装帧豪华的《斯特拉霍夫福音书》。

相关信息：

创立 / 1143 年

国家 / 捷克

规模 / 图书 20 万册

建筑年代 / 神学厅 1679 年竣工，哲学厅 1797 年竣工

设计 / 乔万尼·多梅尼科·奥尔西（神学厅）、扬·伊格纳兹·帕里亚蒂

联系方式 & 参观信息：

Strahovské nádvoří 1/132, 118 00 Praha 1

Tel. +420 (0)2-33107716

www.strahovskyklaster.cz/strahovska-knihovna-archiv-a-dalsi-sbirky/

Erika@strahovskyklaster.cz

开放时间 / 9:00～17:00（12:00～13:00 休息）

闭馆日 / 圣诞节、复活节

门票价格 / 80 捷克克朗

讲解参观 / 不定期举行，时长 60 分钟，费用 400 捷克克朗，须提前咨询。自由参观的游客，可以借阅英语、法语、日语等语种的介绍材料

哲学厅的巨幅天顶壁画，
描绘了人类探索真知的历程。

斯特拉霍夫修道院全景。
曾多次成为好莱坞电影的取景地。

哲学厅的胡桃木书架上摆放着斯特拉霍夫修道院副院长的半身像，
他曾为神学厅与哲学厅命名。

建于 18 世纪的巴洛克式建筑。
匠心独运的书架上共摆放了约 4 万册图书。

Stiftsbibliothek
St. Gallen
圣加伦修道院图书馆

优雅的灰泥饰面、精巧的木雕、
华美的实木拼接地板，内部装修处处洋溢洛可可风情。

这座巴洛克式的修道院图书馆是中世纪欧洲的学术圣地，大量珍贵手抄本和图书收藏于此，留存至今。

位于瑞士东北部的圣加伦修道院是法兰克王国加洛林王朝时期的代表性大修道院。公元七一九年，圣奥特马在此建立了瑞士最古老的图书馆。

圣加伦修道院图书馆建成不久后就成为学术大本营，并大力发展手抄本制作，培养了众多彩绘画家、诗人、音乐家、古高地德语专家等优秀修道士，同时逐步收集了大量与欧洲历史文化、基督教等相关的图书典籍。

图书馆发展至今屡经政乱和灾害。十八世纪中叶，修道院院长古加·冯·舒特德哈下令重建图书馆，从而奠定了它今日的雏形。壮丽华美的“巴洛克大厅”于一七六七年竣工，被世人赞誉为巴洛克式建筑中的名作。虽然修道院已于一八〇五年关闭，但是图书馆一直开放至今。一九八三年，包括图书馆在内的整个圣加伦修道院入选联合国教科文组织《世界文化遗产名录》。

巴洛克大厅入口处写有希腊语“灵魂的疗养院”，意指无知是灵魂的疾病，而读书是医治的唯一良方。迈进图书馆，首先映入眼帘的就是一排排曲线优雅的书架和灰泥饰面镶边的天顶壁画。壁画描绘了基督教历史上最早的四次大公会议（尼西亚会议、第一次君士坦丁堡公会议、以弗所公会议、卡尔西顿会议）。这些诸如天顶壁画、灰泥饰面、木雕之类的内部装饰都是由居住在圣加伦附近博登湖畔的工匠们一手打造。

玻璃柜中展示着手抄本。

圣加伦修道院图书馆所藏公元八世纪以来的欧洲文化史和宗教史相关手抄本数量高居世界首位，这些手抄本保存完好，完成度极高，在历史学家和神学家的研究中起到了至关重要的作用。馆中最为珍贵的藏品是现存最古老的日耳曼民族叙事诗《尼伯龙根之歌》的十三世纪手抄本，和现存最早的建筑设计图纸——绘制于公元九世纪的《圣加伦修道院平面图》。除此之外，图书馆还藏有大量古版书。

每年，这里都会根据特定主题，选择相应藏品在巴洛克大厅等厅室展出。二〇一三年的主题是“圣经”，展示了拉丁语、希腊语、德语、阿拉伯语等多语种的圣经手抄本（包括文字和插图）。今后的展出也令人充满期待。

相关信息：

创立 / 719 年

国家 / 瑞士

规模 / 图书 17 万册、手抄本及其他

建筑 / 1767 年竣工

联系方式 & 参观信息：

Klosterhof 6D, 9004 St. Gallen

Tel. +41 (0)71-2273416

www.stibi.ch

stibi@stibi.ch

开放时间 / 周一至周六 10:00～17:00，周日 10:00～16:00

闭馆日 / 元旦、圣周五、复活节、圣诞节等

门票价格 / 12 瑞士法郎

讲解参观 / 10 月至 5 月 14:00，6 月至 9 月 11:00、14:00（年初、年末，7 月、8 月 15:00 加场）。门票包含讲解参观费用，无须预约

圣加伦修道院外景。

从运河远眺黑钻石新馆。
后面的红色砖瓦建筑为旧馆。

Det Kongelige Bibliothek

丹麦皇家图书馆黑钻石新馆和旧馆

璀璨的黑钻石，与时俱进的皇家图书馆。

丹麦皇家图书馆收藏着丹麦著名童话作家安徒生的手稿等珍贵藏品共三千三百余万件，是一座价值连城的知识殿堂。图书馆独具匠心的建筑也令世人倾倒。作为一座呈缴本保存图书馆，这里包罗了丹麦的所有出版物，规模位居北欧第一。欧洲各国的国家图书馆通常都充满古典庄重的气息，给人以厚重的历史感，丹麦皇家图书馆在其中独放异彩，也因此成为哥本哈根的地标性建筑，吸引着众多游客。

于一九九九年正式开馆的皇家图书馆新馆是丹麦施密特·汉莫·拉森建筑事务所的作品。其设计理念是打造一座“珠宝盒般的图书馆”，以收藏近二十万册国宝级藏书。新馆外墙大量使用了产自南非的黑色花岗岩，使得整座建筑在阳光下熠熠生辉。这座沿运河而建的“大珠宝盒”也因此被人们亲切地称为“黑钻石”。

北欧设计向来崇尚简约自然，黑钻石新馆正是体现这一风格的绝佳代表。

一踏入馆内，眼前是宽敞的中央大厅。左右是高达七层的阅览室，各楼层波浪形的回廊边缘，与馆外流淌的运河相互呼应。阅览室采用玻璃幕墙，有效利用从大厅和屋顶射入的自然光，室内明亮舒适。透过厅前的玻璃幕墙，可以看到不远处的运河和红砖旧馆。这一景致成为中央大厅的流动天然壁画，增添无限意趣。搭乘自动扶梯前往各层时，读者们也可一路欣赏窗外美景。

馆内各项便利设施十分齐全。一层设有各种专业书店和时尚的咖啡馆、餐厅，顾客甚至可以携馆内的杂志入店用餐。地下设有可举办音乐会、大型会议等活动的多功能厅。此外，日常开展的学术活动也为普通市民提供了交流的良机。作为一座与时俱进的图书馆，丹麦皇家图书馆为满足当地公众和国内外游客的需求，不断迸发着新的想法和创意。

新馆通过三条走廊与旧馆相连。一九〇六年建成的旧馆目前仍对公众开放。这座红砖建筑令人联想起欧式豪宅，与一旁亮丽的黑钻石新馆形成鲜明对照。两座风格截然不同的建筑相映成趣，也是丹麦皇家图书馆的一大魅力。

俯瞰新馆中央大厅，两侧是极具特色的曲线型回廊

相关信息：

创立 / 1648 年

国家 / 丹麦

规模 / 藏品 3300 万件（含分馆馆藏）

建筑年代 / 旧馆 1906 年竣工，黑钻石新馆 1999 年竣工

设计 / 施密特 · 汉莫 · 拉森建筑事务所

联系方式 & 参观信息：

Søren Kierkegaards Plads 1, Copenhagen

Tel. +45 (0)33-474747

www.kb.dk

kb@kb.dk

开放时间 / 8:00～21:00（7 月、8 月 19:00 闭馆）

闭馆日 / 周日、节假日

门票价格 / 免费

讲解参观 / 周六 15:00，费用 40 丹麦克朗，无须预约。周六以外时间，可安排一对一讲解参观

顶灯柔和的光线点亮中央大厅。
楼层间以自动扶梯相连。

连接黑钻石新馆和旧馆的走廊之一。
天顶壁画由丹麦著名画家佩·柯克比创作。

古典风格的旧馆阅览室，
颇具皇家图书馆的庄重典雅之美。

图书馆内景。二十七条木制肋拱构建的大型空间独具一格。
以明快的蓝色做局部点缀。

Vennesla Bibliothek

文讷斯拉图书馆

北欧风格的设计。
肋拱与书架融为一体，简约而意趣盎然。

荣获挪威最佳建筑大奖的小城公立图书馆，木制结构营造抚慰人心的治愈空间。

文讷斯拉图书馆坐落在挪威南部人口仅有一万三千人的小城文讷斯拉，舒适的阅读空间为它赢得了“治愈系图书馆”的美名。

二〇一一年对外开放的文讷斯拉图书馆是一座年轻的建筑，却已获得多个国内外建筑奖项，二〇一二年更是荣获挪威的“最佳建筑奖”和“环保设计奖”。图书馆的设计者正是以设计上海世博会挪威馆闻名的海伦与哈德建筑事务所。

图书馆与原有的市民中心相连，同时用作当地的综合文化中心。馆内各项设施相当齐全，有咖啡厅、会议室和可以放映电影的礼堂等，为当地居民提供了诸多便利，称得上是一座多功能图书馆。

图书馆筹建之初，也考虑过钢筋混凝土结构设计。但是为了让读者拥有一个舒适温馨的环境，最后还是采用了木结构方案。

迈入图书馆，展现在眼前的是一片宽敞的木制空间，读者可在其中悠闲地尽享阅读时光。建筑主体由二十七根胶合板材质的肋拱支撑，这也是整座建筑设计最独到之处。肋拱勾勒的一条条柔和曲线，组合出渐变延伸的视觉效果，成为一道别致的风景。它们有序相隔，在支撑起建筑的同时，也起到了隔断作用，还根据不同设计，分别拥有照明、书架或是阅览席位等功能。

利用肋拱打造的阅览座椅营造出具有私密感的空间，十分有趣。

馆内以栎木和白桦的清新原木色为主调，光线自建筑立面的玻璃窗、肋拱间的天窗和侧窗洒入，为室内带来充足的自然光。也为这别具一格的空间增添了一抹宁静平和。

文讷斯拉图书馆因其卓而不群的建筑备受关注，而它的建设初衷是为了促进公众的阅读热情，成为丰富当地社会生活的文化中心。原木材质渲染出的亲和力、舒适度和设计感兼具的空间、完备的图书馆机能以及对当地社会的实际贡献，满足上述种种要求的文讷斯拉图书馆正是未来图书馆发展的典范。

相关信息：

创立 / 2011 年

国家 / 挪威

规模 / 图书 9 万册

建筑年代 / 2011 年竣工

设计 / 海伦与哈德建筑事务所

联系方式 & 参观信息：

Venneslamoen 19, sentrum

Tel. +47 (0)38-137285

www.vennesla.kommune.no/Kulturhuset/Vennesla-bibliotek/

bibliotek@vennesla.kommune.no

开放时间 / 周一至周四 10:00～19:00，周五 10:00～16:00，周六 11:00～15:00

闭馆日 / 周日

门票价格 / 免费

讲解参观 / 无。可提供免费英语咨询

入口处的玻璃立面。

图书馆正中的圆形大厅。
倚墙而立的环形书柜摆满图书，让人凝神屏息。

Hc·Hce SKÖNLITTERATUR PÅ SVEN
SUOMALAISIA KIRJOJA
Stockholms
Stadsbibliotek
Hc·Hce
斯德哥尔摩公共图书馆

开阔明亮的大厅。光线自天窗射入，
在凹凸有致的乳白色墙面上演绎出丰富的视觉效果。

身处被誉为“瑞典之美”的图书馆，欣赏由书籍拼成的巨幅“立体画”。

一九一八年，在瑞典豪门华伦伯格家族的巨额捐助下，斯德哥尔摩公共图书馆的设立被提上了日程。当时正参与周边城市规划的建筑家阿斯普朗德也加入了图书馆筹建委员会，在他的设计与督建下，图书馆历时十年终于落成。这座建筑完美体现了当年的北欧新古典主义风格，被世人赞誉为“瑞典之美”。

斯德哥尔摩公共图书馆成就了阿斯普朗德的盛名，该馆因此也被称作“阿斯普朗德图书馆”。图书馆的设计独树一帜，低矮的立方体建筑坐拥中央高耸的圆柱体，红褐色的外墙与周围的建筑和而不同，又与所在公园的景色完美融为一体。

穿过略显昏暗的走廊进入图书馆，敞亮的中央阅览室令人豁然开朗。圆形大厅里，三层高的书架呈三百六十度环屋而立，密密摆满的图书让人肃然感佩。大厅挑高几乎是书架的三倍，简约宁静的小阅览室分设于大厅四周，整个中央阅览室格外雅致。阿斯普朗德在室内装饰上也煞费苦心，从阅览室的一把椅子到书桌上的一盏台灯，处处能感受到大师在设计上的精益求精。

近年，斯德哥尔摩公共图书馆的文化价值在一场争议事件中被重新认识。此事缘起二〇〇六年，市政府计划扩建空间日益不足的图书馆，并举办设计大赛甄选扩建方案。但联合国教科文组织等相继提出了反对意见，导致该计划最终流产，改为扩建市内的其他图书馆。阿斯普朗德的设计由此得以维持原貌。

如今，这里作为普通图书馆面向公众免费开放，同时作为知名建筑家的传世之作，常年吸引各国游客慕名前来。

斯德哥尔摩公共图书馆就坐落在市中心绿意盎然的观象山公园里，周边有古天文台和一所大学，学术氛围浓厚。观象山公园是市民休憩的好去处，老人们在这里散步，年轻夫妇推着婴儿车边走边聊，孩子们夏天游泳冬天滑冰，经年喧闹不休。

瑞典正积极推进图书馆藏书数字化工程，已实现了图书的在线预约、借出、续借等服务，还推出了电子书网上借阅，使得前往实体图书馆的读者略有减少。但是凭借其深厚的历史文化价值和绝佳的地理位置，斯德哥尔摩公共图书馆依然吸引着众多读者纷至沓来。

相关信息：

创立 / 1928 年
所在国 / 瑞典
规模 / 图书 55 万册
建筑年代 / 1928 年竣工
设计 / 埃里克 · 古纳尔 · 阿斯普朗德

联系方式 & 参观信息：

Sveavägen 73, 113 80 Stockholm
Tel. +46 (0)8-50831060
biblioteket.stockholm.se/biblioteket/stadsbiblioteket/
kundtjanst.ssb@stockholm.se
开放时间 / 周一至周四 9:00～21:00，周五 9:00～19:00，周六、周日 12:00～16:00
闭馆日 / 部分节假日
门票价格 / 免费
讲解参观 / 无

斯德哥尔摩公共图书馆被赞誉为“瑞典之美”。

图书馆由北欧建筑巨擘阿斯普朗德设计。
世界各国的读者慕名而来。

KLASSISK GREKISKA LATIN
Hda DANSK
SKONLITTERATUR PA SVENSKA

North America
South America

北　美
南　美

三层以捐赠者之名命名的玫瑰主阅览室。

New York
Public Library
纽约公共图书馆史蒂夫·A·施瓦茨曼馆

条形阅览桌、木制书架、半圆拱窗、台灯，
共同营造出浓厚的图书馆氛围。

这里是宏伟庄严的“知识圣殿”，亦是民众和企业携手倾力打造的最佳“公共”图书馆。

纽约公共图书馆建成于一九一一年，极具历史感的建筑和典雅的内部装修都沉淀着百年岁月的光辉。建馆之时的纽约已是世界经济中心之一，想必多数人都会认为它的修建得益于市政府的财政支持，但事实却并非如此。纽约公共图书馆是名副其实的“公共”设施，它向所有民众敞开大门，致力于满足人们的求知欲，传播学习的乐趣，但它并不是一座“公立”或“市立”机构，虽有联邦政府给予的补助，其大部分运营经费却来自公共基金、个人和企业的赞助，以及各项活动收入。此外，各界专家及普通志愿者无偿的义务劳动，也是维持图书馆运营的重要力量。

纽约公共图书馆主馆史蒂夫·A·施瓦茨曼馆是由当时尚无名气的卡雷尔与哈斯丁建筑事务所设计的。工程于一九〇二年五月动工，一九〇六年年末落成，此后又花费四年半进行内部装修。从这漫长的准备期，就可感受到先人们一心打造完美知识圣殿的决心。

图书馆开放初期约有藏书一百万册。现在，纽约公共图书馆拥有八十六个分馆和四个研究性图书馆，所有馆藏（含 CD、DVD）共计五千一百万件，规模居世界前列。

图书馆的内部装修可谓慢工出细活，庄重典雅尽显“知识圣殿”的威严气派。位于三层的“玫瑰主阅览室”是全馆最大的空间，横宽二十三点七米，纵长九十点五米。一排排栎木长桌整齐地绵延至房间尽头，气势迫人。挑高十六米的天花板上垂悬着造型古典的铜质吊灯，为读者带来一室光明，天顶还绘有晴空白云的壁画。

同在三层的麦格劳圆形大厅也不容错过。这里可以欣赏到由爱德华·列宁创作，以“书的历史”为主题的一组壁画。圆形大厅白天面向公众开放，夜晚闭馆之后，则成为对外租借的宴会厅，可举办三百人的鸡尾酒会，或是一百五十人的晚宴。除圆形大厅外，纽约公共图书馆还有一些场地可供出租，这笔收入也是图书馆的重要经济来源。

图书馆几乎每天都会举办各种教学活动。全年各馆共举办活动超过五万场次，参与人数逾一百万人。此外，图书馆还倾力关怀社会弱势群体，不仅帮助他们求职，还利用馆内一千三百余台笔记本电脑开办电脑教室等。

需要再次强调的是，纽约公共图书馆不是一家公立机构。在向政府和地方自治团体寻求帮助前，先求助于周围的普通人。正是这种美国式的互助精神，推动着这座巨大的图书馆不断前进。

相关信息：

创立 / 1895 年
国家 / 美国
规模 / 藏品 1500 万件，各分馆共计 5100 万件
建筑年代 / 1911 年竣工
设计 / 卡雷尔与哈斯丁建筑事务所

联系方式 & 参观信息：

5th Avenue and 42nd Street, New York, NY, 10018
Tel. +1 (0)917-2756975
www.nypl.org
（可通过该网站与图书馆员联系）
开放时间 / 周一、周四至周六 10:00～18:00，周二、周三 10:00～20:00，周日 13:00 ～ 17:00
闭馆日 / 部分节假日
门票价格 / 免费
讲解参观 / 周一至周六 11:00、14:00 两场，周日 14:00，时长 60 分钟，免费

布杂风格的建筑。
门口的两尊石狮深受人们喜爱。

从二层平台俯瞰玫瑰主阅览室。
天顶上的天空与花朵图案令人心情舒畅。

麦格劳圆形大厅，
一到夜晚就会变身为宴会厅。

位于一层的谱系室，
收藏美国历史、家族谱系的相关图书。

三层的其中一间阅览室，
收藏美术、建筑类相关图书。

白色大理石构建的优美门厅，
可以包场租借。

穿过旋转玻璃门迈入馆内，
迎面便是玻璃结构的“图书宝箱”。

Beinecke Rare Book & Manuscript Library, Yale University

耶鲁大学拜内克古籍善本图书馆

震撼人心的中央书塔。
金色大理石墙壁一派庄严。

宛如宝库的外观。

相关信息：

创立 / 1963 年

国家 / 美国

规模 / 图书 50 万册、手稿数百万件

建筑年代 / 1963 年竣工

设计 / 戈登 · 邦夏

充满历史感的耶鲁校园内最引人瞩目的现代建筑。

耶鲁大学是世界顶级名校。校内的拜内克古籍善本图书馆由拜内克家族出资捐建，美国二十世纪代表建筑家戈登·邦夏主持设计。一九六一年动工修建，一九六三年十月十四日正式开放。

图书馆外观乍看之下是个冷冰冰的长方体。严守一比二比三的高长宽比例令它规整得像一只“大箱子”。但这只“箱子”被“放置”在四块金字塔形基座上,营造出“悬浮”效果，从而独树一帜。

厚达三十二毫米的大理石外墙质朴刚健，可更好地保护珍贵的馆藏，防止日光直射。格子状的凹凸部分采用花岗岩，低调的色彩和朴实的质感彰显庄严大气。

与外观截然不同，图书馆内部风格精致华美。穿过旋转门，只见正中央的玻璃书库“中央书塔”巍然耸立。这座书库又名“图书宝箱”，收藏了大约十八万册藏书。

书塔两侧设有通往二层主厅的阶梯。主厅陈列着来自拜内克家族的各类藏品，包括世界上最早的活字印刷圣经《谷登堡圣经》。站在厅内看斑驳的阳光从大理石墙壁与房顶漏下，眼前一派梦幻唯美。这也是拜内克古籍善本图书馆的一大魅力。

图书馆地下是学者们的天堂。多达六十万册的藏书规模远远超过地上的中央书塔。

上文提及的所有设施不仅面向耶鲁大学的相关人士开放，其他任何人都可自由参观。但存放着大量贵重图书和论文的阅览室则实行严格的会员制度，利用时必须遵守多项规定。

耶鲁大学校园传统的哥特式建筑群中，拜内克古籍善本图书馆的设计别具一格与众不同。它舍弃华丽的外表而追求内在，不愧为世界名校的图书馆。它坐拥数量庞大的历史珍藏和珍贵书籍，而且从未停下过扩充的脚步。

联系方式 & 参观信息：
121 Wall Street, New Haven, Connecticut 06511
Tel. +1 (0)203-4322977
beinecke.library.yale.edu
（可通过该网站与图书馆员联系）
开放时间 / 周一至周四 9:00～19:00，周五 9:00～17:00，周六 12:00～17:00
闭馆日 / 周日、部分节假日、12 月 24 日至 1 月 1 日
门票价格 / 免费
讲解参观 / 可以安排，需要预约

入口大厅以各种绿色植物为图案的地毯，
人们昵称这里为“客厅”。

Seattle Public Library

西雅图公共图书馆主馆

覆有铝制薄膜的玻璃幕墙可以调节采光。

沐浴在阳光下的螺旋书库。服务所有人的创新型图书馆。

坐落于美国华盛顿州西海岸都市西雅图的市属二十二座图书馆中，西雅图公共图书馆主馆无疑是规模最大的。新颖独特的设计，让这座现代风格的建筑享誉世界。

一九九八年十一月，西雅图市政府启动“全民图书馆”工程，计划斥资一亿九千六百四十万美元翻修市内二十二座公共图书馆。经过市民投票，市公共图书馆主馆改建项目获得压倒性支持，成为工程的重头戏。主馆改建共耗资一亿六千五百九十万美元（其中一千万美元用于主馆闭馆期间临时图书馆的运营）。二○○一年七月原馆拆除，二○○四年五月二十三日新馆落成开放。

来自荷兰鹿特丹的建筑家雷姆·库哈斯和本土的建筑家约书亚·拉姆斯，经过与图书馆运营委员会、馆内工作人员以及当地市民们的反复沟通，共同设计了西雅图公共图书馆。这是图书馆在原址上的第三次重建，与此前相比，使用面积扩大了约一点五倍，达到三万三千七百二十三平方米，共十一层。另外，馆藏空间也增加了一点六倍，最多可容纳一百四十五万件藏品。

图书馆的四壁都是由金属和玻璃构建的。整座建筑多处采用开放式结构，自然光线透过玻璃幕墙为室内提供良好采光，营造出宽敞明亮的空间感。重建后，图书馆不仅硬件与规模有所突破，功能上也实现了创新。乘坐宛如光之隧道的扶梯可以前往上层的五个分区，各分区存放有不同类别的图书等藏品。其中四个区域设有公共空间，读者可在其中读书、休息、使用电脑等。

图书馆的六到九层被称为“螺旋书库”，全馆四分之三的藏书，包括所有非虚构类图书尽收于此。各层由和缓的坡道连接，读者可以步行，或是推着轮椅轻松去往各类书架。

螺旋书库再往上就是十层阅览室。挑高十二米，面积一千一百平方米的空间内共设有四百个阅览席。读者可以沐浴着从玻璃屋顶洒下的阳光悠闲阅读。

图书馆配备了四百台电脑供读者随意使用，如同一个强大的媒体中心。此外，馆内还设有面向儿童、青少年、成人的不同活动中心、会议室、放映厅等设施，兼具了社区中心的职能。

据说西雅图百分之八十的市民持有该馆的借书证，每天都有五到八千的读者徜徉在这里的书海之中。

相关信息：

创立 / 1890 年

国家 / 美国

规模 / 藏品 100 万件（图书、CD、DVD）及其他

建筑年代 / 2004 年竣工

设计 / 雷姆·库哈斯、约书亚·拉姆斯

联系方式 & 参观信息：

1000 Fourth Ave., Seattle, WA 98104

Tel. +1 (0)206-3864636

www.spl.org/locations/central-library

（可通过该网站与图书馆员联系）

开放时间 / 周一至周四 10:00～20:00，周五、周六 10:00～18:00，周日 12:00～18:00

闭馆日 / 部分节假日

门票价格 / 免费

讲解参观 / 可以从网站上下载语音讲解（英语）。此外馆内发放免费参观手册

占据繁华市区一角的巨大建筑。

十层的阅览室一片宁静。

图书馆深受人们喜爱。

随处可见橘色、
红色、粉色等亮丽点缀。

通高六层的阅览室大厅。
名副其实的“书之教堂”。

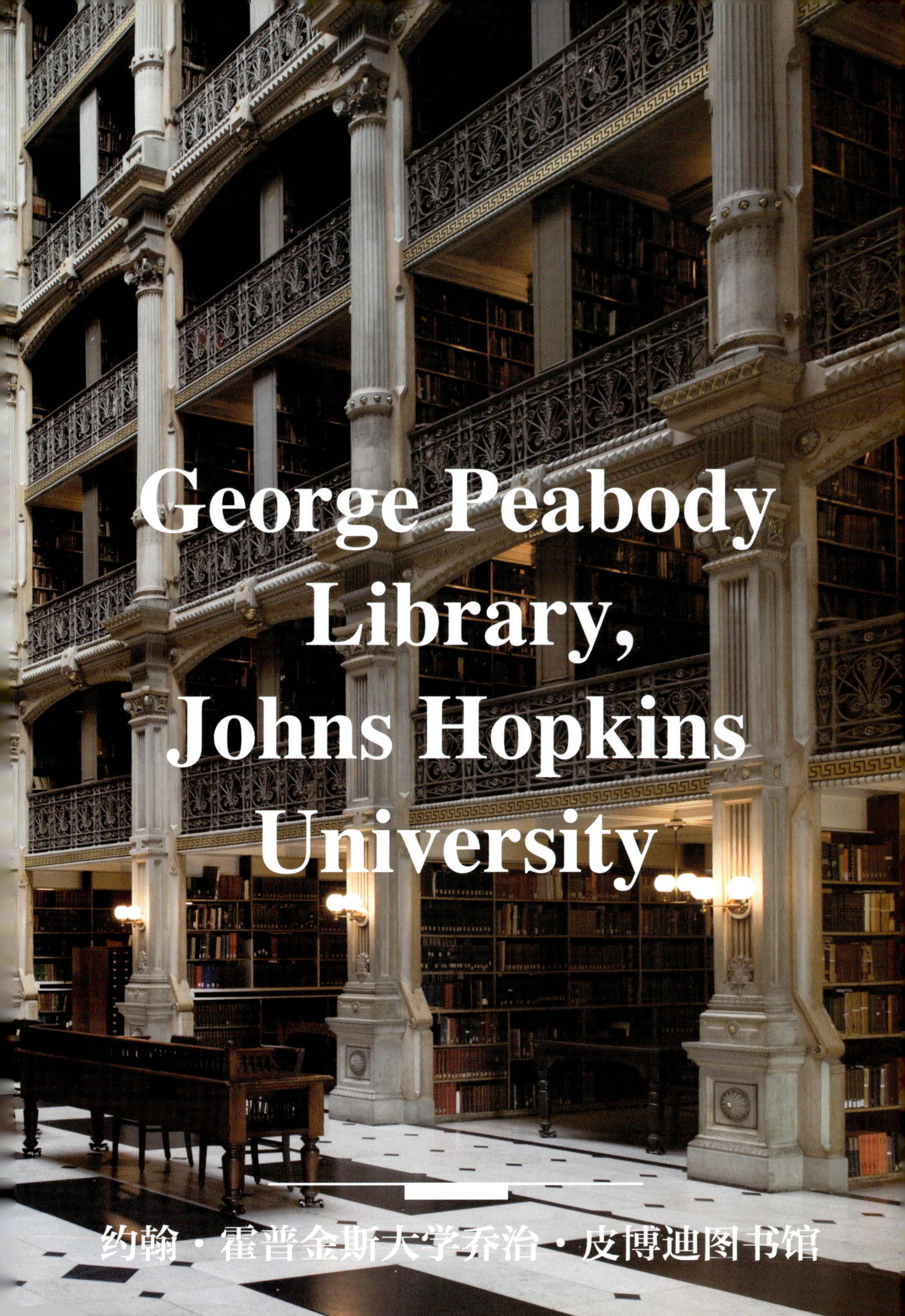
George Peabody Library, Johns Hopkins University
约翰·霍普金斯大学乔治·皮博迪图书馆

环绕阅览室大厅的六层书架呈现出动感之美。
阳光自天窗洒下。

被誉为“书之教堂”的图书馆，白天是庄严的知识圣殿，夜晚是奢华的社交宴厅。

位于美国马里兰州巴尔的摩市的约翰·霍普金斯大学，是世界排名前十极难申请的名校。它由当地企业家约翰·霍普金斯捐赠遗产修建，一八七六年正式创立。

皮博迪校区虽位于巴尔的摩市市区，但距主校区较远。前身皮博迪研究所成立于一八五七年，由与巴尔的摩市有不解之缘的企业家乔治·皮博迪捐赠遗产修建。一八七八年，研究所图书馆即如今的乔治·皮博迪图书馆落成，由埃德蒙·乔治·林德设计。

一九九二年，皮博迪研究所并入约翰·霍普金斯大学，图书馆随之更名为约翰·霍普金斯大学乔治·皮博迪图书馆。这里的藏书多为十八到十九世纪的书籍，涉及考古学、英国艺术和建筑、英美历史和英美文学、拉丁语和拉丁文学、科学史、地理学等多个学科领域及古地图等。

乔治·皮博迪图书馆以其恢弘别致的内部空间为人称道，典雅的装饰亦吸引着世界各地的目光，被冠以“书之教堂”的美称。入口大厅面积超过二百二十平方米，展出自一八七八年开馆以来的各种珍藏。

挪开阅览桌椅便可举办宴会。

再往前走就是阅览大厅，也是图书馆的精华所在。二百六十点五平方米的华美大厅通高超过十八米，地面铺设黑白大理石，左右并立的排排书架摆满藏书，抬头可望见环绕中厅、雕饰精美的铸铁阳台。阳光自大型天窗泻下，令满室生辉。

乔治·皮博迪图书馆的场地可对外出租举办活动，且不限于学术会、研讨会，也可举办婚礼、婚宴以及各种派对。图书馆将门厅或单间厅室对外出租并不少见，但像乔治·皮博迪图书馆这样，连最重要的主阅览室都可对外出租的则属罕见。这也是其一大特色。此外，馆内还提供餐饮及服务，可以承办二百人规模的宴席，或四百人规模的酒会。闭馆后的夜间、周六到周一的闭馆日均可租借。在乔治·皮博迪图书馆举办的活动，想必会让那些热爱图书馆、热爱书的人留下深深回忆。

相关信息：

创立 / 1857 年

国家 / 美国

规模 / 图书 30 万册

建筑年代 / 1878 年竣工

设计 / 埃德蒙·乔治·林德

联系方式 & 参观信息：

17 East Mount Vernon Place, Baltimore, Maryland 21202

Tel. +1 (0)410-2344943

guides.library.jhu.edu/content.php?pid=205178&sid=1712833

www.peabodyevents.library.jhu.edu（租用活动场地相关信息）

ask@jhu.libanswers.com

开放时间 / 周二至周四 9:00～17:00，周五 9:00～15:00

闭馆日 / 周一、周六、周日

门票价格 / 免费

讲解参观 / 无

沉稳的建筑外观。

位于杰斐逊大楼正中的八角形中央阅览室

Library of Congress
美国国会图书馆

承美国第三任总统托马斯·杰斐逊之遗志，成为世界最大的知识圣殿。

美国国会图书馆建立于二百多年前的一八〇〇年。图书馆最初的藏书方针是“仅收藏国会有可能使用到的书”，直到一八一四年，这一方针才有所改变。当年由于火灾，馆内部分藏书被毁。为了弥补损失，已卸任的美国第三任总统托马斯·杰斐逊表示要捐赠自己的私人藏书。他本人历来以“收藏关于美国的所有书籍，以及各科学领域所有宝贵资料”为原则，认为国会图书馆的收藏也应该全面。

一八七〇年，杰斐逊的主张得到了进一步推动。《著作权法》规定，所有著作权申请人都要向国会图书馆呈缴两本著作。这一呈缴制度，在二战后由美国文化使团引入日本，日本国立国会图书馆的建立与之密不可分。

国会图书馆收存所有图书、宣传册、地图、音像制品乃至照片，必然会导致空间不足，新建馆舍成了当务之急。一八八六年，华盛顿的两名建筑家约翰·L·史密斯梅尔和保罗·J·佩尔茨的设计方案得到批准，新的主馆开始兴建。这座意大利文艺复兴风格的建筑耗时十年，于一八九七年十一月一日正式开放，它被命名为杰斐逊大楼，以纪念这位提出全面收藏理念的第三任美国总统，正是这一理念奠定了如今国会图书馆的基础。

走入正门就是金碧辉煌的豪华大厅。厅内巧夺天工的装饰出自五十名美国知名画家、雕刻家之手。彼时美利坚合众国还只是一个新兴国家，却修建起这样一座各方面都丝毫不逊于欧洲老牌强国的国立图书馆。这份举国一心的豪情，至今仍可从这间气势磅礴的大厅中领略一二。

再往里走就是庄严肃穆的八角形中央阅览室。室内的八根大理石柱上静立着八座高达三米的女性石雕像，静穆又慈爱地守候着读者。她们象征着文明和理性的源泉，分别代表宗教、商业、历史、艺术、哲学、诗情、法律与科学，全部出自著名雕刻家之手。

一九三八年落成的新馆是一座五层古典建筑，书架数量超过主馆，总长度达到二百九十公里。它被称作“亚当斯大楼”，得名自美国第二任总统约翰·亚当斯。到了一九七六年，以美国第四任总统詹姆斯·麦迪逊之名命名的麦迪逊大楼建成，至此形成了美国国会图书馆的三馆体制。

如今，美国国会图书馆共收藏图书等印刷品三千五百万册，涉及四百七十个语种。包括电影、音乐等音像制品在内，藏品总数多达一亿五千五百万件，规模稳居世界首位。

相关信息：

创立 / 1800 年

国家 / 美国

规模 / 藏品 1 亿 5500 万件

建筑年代 / 1897 年竣工（杰斐逊大楼）

设计 / 约翰·L·史密斯梅尔、保罗·J·佩尔茨（杰斐逊大楼）

普通读者不能进入中央阅览室，只能从楼上展望台俯瞰。

联系方式 & 参观信息：

Thomas Jefferson Building
10 First Street SE, Washington, DC 20540
Tel. +1 (0)202-7078000
www.loc.gov
vso@loc.gov
开放时间 / 8:30～17:00
闭馆日 / 周日、感恩节、圣诞节、年末年初
门票价格 / 免费
讲解参观 / 每天六场（周六四场），时长 60 分钟，免费

杰斐逊大楼正门入口处。

颠倒众生的豪华大厅。
天花板角落雕饰着象征学问的书本、火炬和守护神像。

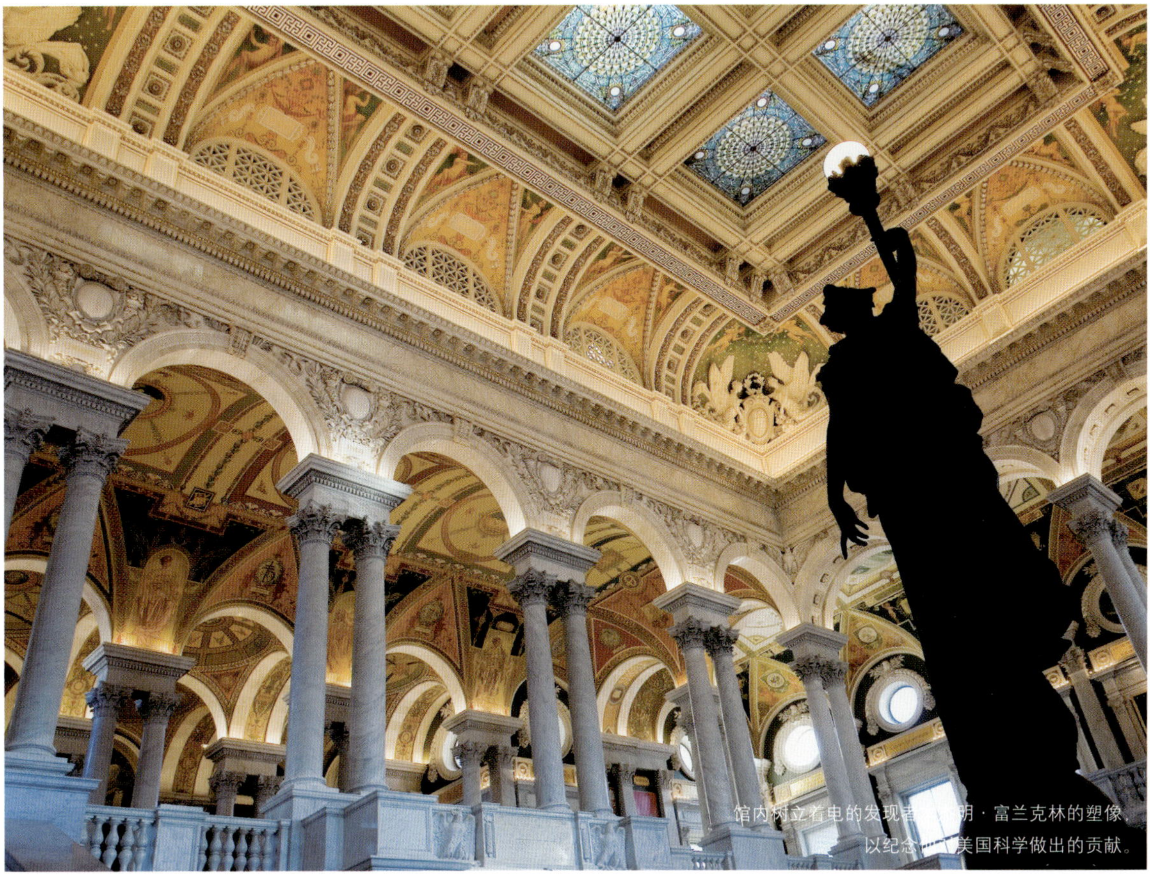

馆内树立着电的发现者[illegible]明·富兰克林的塑像，以纪念[illegible]美国科学做出的贡献。

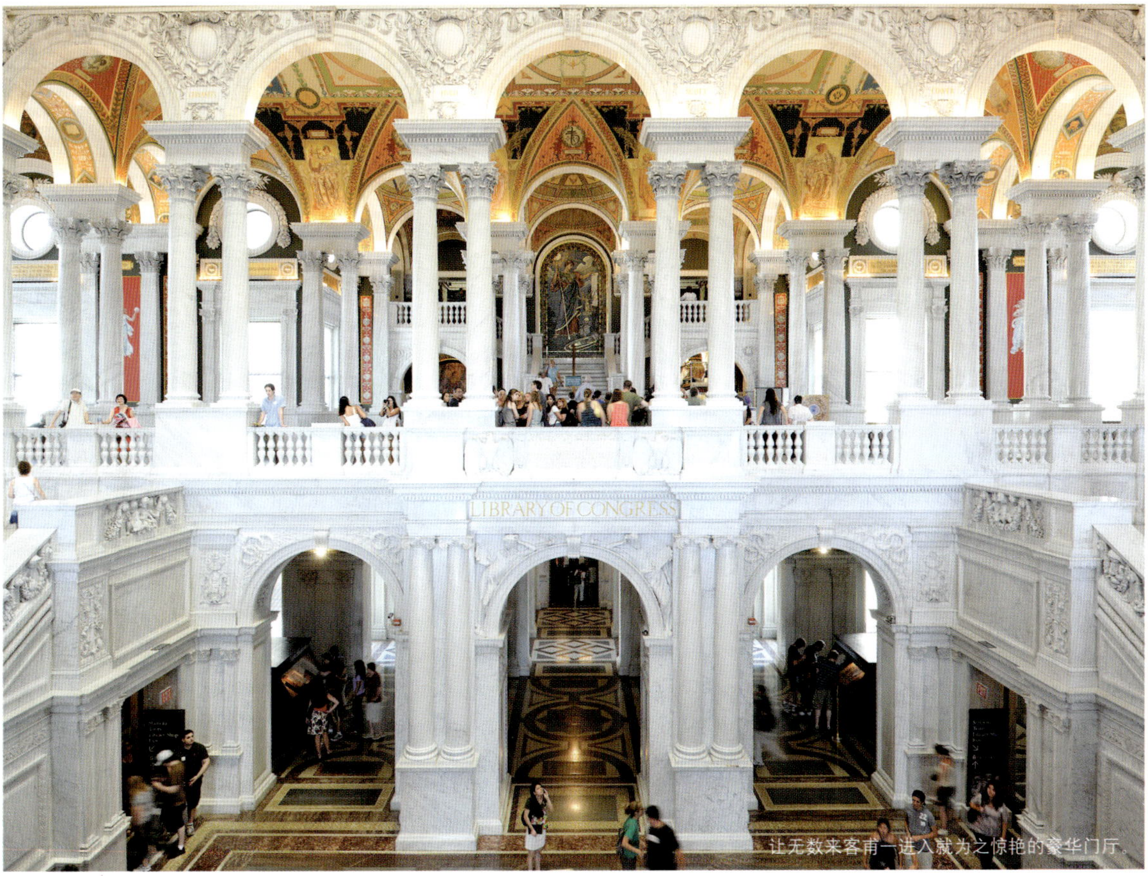

让无数来客甫一进入就为之惊艳的豪华门厅。

摆满整面墙的稀世珍本，
玻璃展柜内是《谷登堡圣经》

The Morgan Library & Museum

摩根图书馆和博物馆

摩根图书馆。
天顶壁画是美国画家亨利·西登斯·莫布雷的作品。

在这里感受一个世纪前，属于一个珍本收藏家的浪漫梦想。

摩根财团是美国五大财团之一，也是世界上屈指可数的金融巨头，与欧洲的罗斯柴尔德家族齐名。摩根财团的创始人约翰·皮尔庞特·摩根不仅是这个庞大金融帝国的掌舵者，热心公益事业，同时也是一位知名的收藏家，热衷于收集珍本、美术品、宝石等稀世珍品。

他过世前就向纽约大都会艺术博物馆捐赠了大部分的私人艺术品珍藏，据说有六千件之多（也有一说为八千件），为博物馆的建立做出了重要贡献，也为大都会艺术博物馆后来发展为世界上最大的博物馆筑实了基础。

摩根去世十一年后的一九二四年，他的儿子小约翰·皮尔庞特·摩根继承父亲热心公益的遗志，决定向公众开放父亲生前的私人图书馆及全部收藏。这座私人图书馆位于纽约东三十六号街，是一座古朴威严的大理石建筑，建于一九〇六年，由查尔斯·麦基姆设计。现在的“摩根图书馆和博物馆”便源起于此，这座建筑就是现在的主馆，当年的图书室如今被称为“摩根图书馆”。

一九二八年，图书馆开放四年后，摩根图书馆和博物馆在紧邻主馆的摩根宅邸原址上新建别馆。一九八八年，又将小约翰·皮尔庞特·摩根的故居辟为新馆，这是一座红褐色的砂岩建筑，建于十九世纪中叶。一九九一年，馆内修建了玻璃中庭以连接各馆。二〇〇六年，曾设计巴黎蓬皮杜艺术中心和关西国际机场航站楼的意大利建筑师伦佐·皮亚诺，为该馆设计了现代化的主入口建筑，令现存的三栋馆舍更好地融为一体。

参观这座图书馆最大的乐趣就是与那些古老的图书相遇。除了装帧精美的欧洲中世纪手抄本、一四五五年印制的《谷登堡圣经》等早期印刷品，还有公元前的印章、刻满楔形文字的黏土板，以及埃及与近东出土的纸莎草残片等，它们默默讲述着书籍的悠悠历史。对爱书者来说，凝望这些文物的每个瞬间，都是无比幸福的时光。

此外，图书馆还展出了查尔斯·狄更斯的《圣诞颂歌》原稿、莫扎特亲笔写下的乐谱、著名作家、学者、名流的手稿和信函等稀世珍品，其中最古老的资料可以上溯至十五世纪。画作中则有鲁本斯的素描等。但正如前文所述，约翰·皮尔庞特·摩根的大部分艺术品收藏都已寄存或捐赠给了纽约大都会艺术博物馆，因此摩根图书馆和博物馆的艺术类藏品并不丰富。

一战前纽约就已跻身世界级大都会之列，但作为历史尚浅的新兴城市，世人都认为纽约在文化积淀上与欧洲各大城市难以匹敌。在这样的背景下，约翰·皮尔庞特·摩根不惜重金广罗稀世珍本和画作，去世后又将毕生收藏公之于众，以此启迪民智。他不仅是富可敌国的金融家，也是文化传教士。纵使已过去一个世纪，这个男人的梦想依然长存于摩根图书馆和博物馆中。

相关信息：
创立 / 1924 年
国家 / 美国
规模 / 藏品 30 万件
建筑年代 / 主馆 1906 年竣工，主入口建筑 2006 年竣工
设计 / 查尔斯·麦基姆（主馆）、伦佐·皮亚诺（主入口建筑）

联系方式 & 参观信息：
225 Madison Avenue, New York, NY 10016
Tel. +1 (0)212-6850008
www.themorgan.org
visitorservices@themorgan.org
开放时间 / 周二至周四 10:30～17:00，周五 10:30～21:00，周六 10:00～18:00，周日 11:00～18:00
闭馆日 / 周一、元旦、感恩节、圣诞节
门票价格 / 18 美元
讲解参观 / 有语音讲解，免费

从麦迪逊大道看到的外景。
中间的白色建筑是图书馆主入口。

图书室旁的圆形大厅。
半圆形壁画临摹了文艺复兴时期画家平托里乔的作品。

壁炉上的挂毯是制作于一五四五年的稀世珍品
“七宗罪”系列中的一幅。

摩根先生安静的书房。
室内装饰画多为文艺复兴时期的画作。

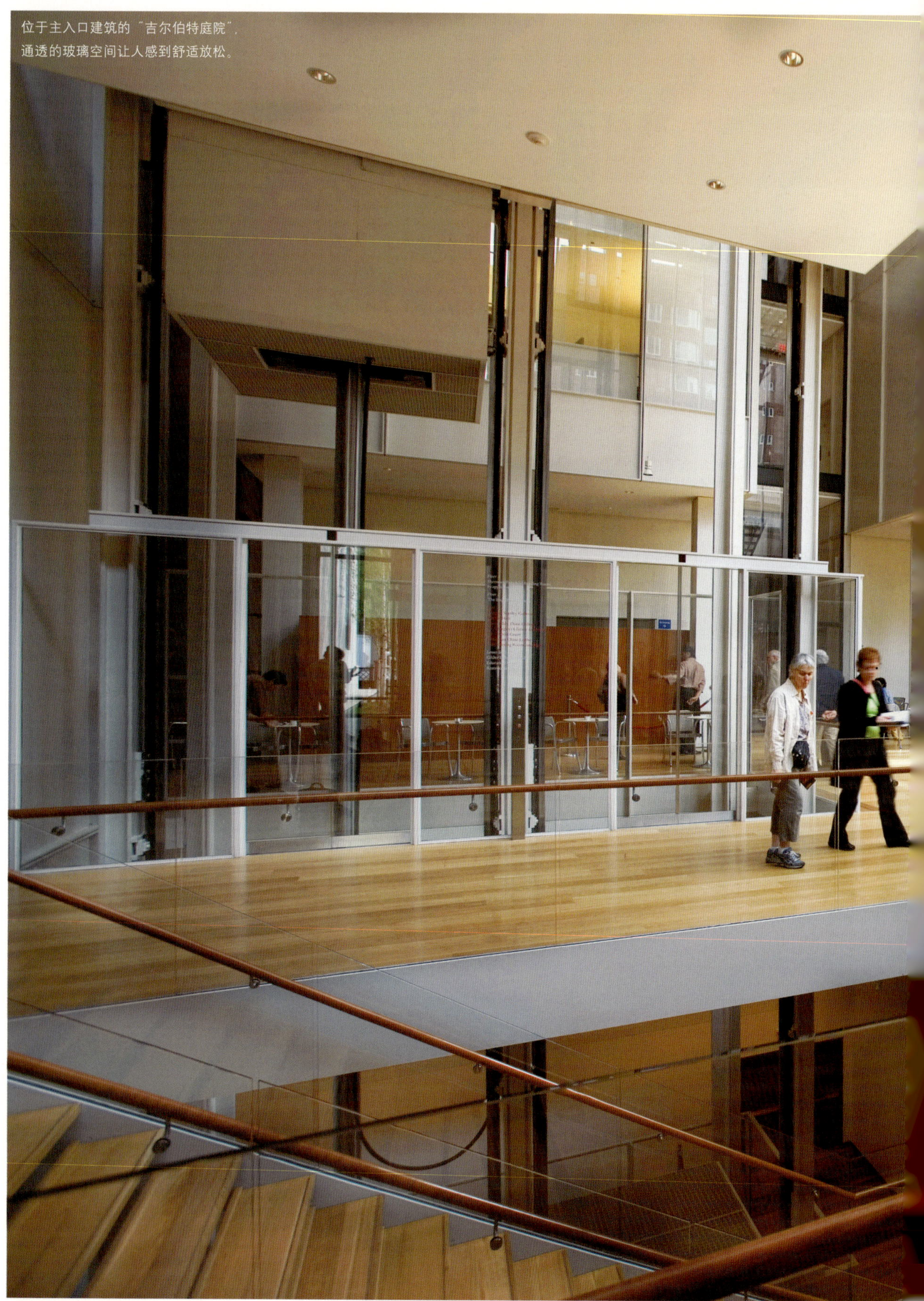

位于主入口建筑的“吉尔伯特庭院”，
通透的玻璃空间让人感到舒适放松。

阅览室散发出木屋特有的温暖。
原创设计的吊灯和时尚的休息区为图书馆增添亮色。

Francis A. Gregory Neighborhood Library

弗朗西斯·格里戈里社区图书馆

透过菱形窗可看到公园的绿地，
令人心旷神怡。菱形窗的采光也非常好。

完美融合周边自然环境，服务当地居民的小型社区图书馆。

在人们心目中，传统图书馆总是一派庄严，让人肃然起敬。美国首都华盛顿特区的弗朗西斯·格里戈里社区图书馆打破这一刻板形象，灵动的设计令人叫绝。

首先让人眼前一亮的便是图书馆独特的外观。冷硬的建筑看似从自然公园里突兀地冒出，却与周围环境形成了奇特的和谐。这要归功于图书馆的外墙，菱形窗和玻璃镜面拼成市松纹样的外墙像一面巨大的镜子，倒映出周围的一草一木，让人不禁联想起世博会上前卫的展馆。

白天的图书馆形如一只外镶镜子的匣子。到了晚上，灯光自一扇扇菱形窗透出，又宛如一盏灯笼散发出柔和的光芒。

迈进弗朗西斯·格里戈里社区图书馆，会发现馆内墙壁不同于外墙，全部由原木拼成，自然而有质感。从菱形窗向外望去，公园的茵茵绿色尽收眼底。设计者将自然元素完美融于图书馆的内部装饰，营造出宁静平和的氛围。虽然外观昼夜不同，风格内外迥异，但无论内外都与周边环境相辅相成。

弗朗西斯·格里戈里社区图书馆十分重视环保，是一座环境友好型建筑。大型壁窗和天窗，保证在冬季室内可以得到充足的日照。顶部的大罩篷则保护建筑在夏天免于阳光直射。这些设计大大提高了空调的能效。此外图书馆还安装了感应式节电装置和节能型厕所，使用再生材料制作的地毯和工作台，采用当地建材从而减少运输环节的废气排放。

除了这一系列环保措施，亲民也是这家图书馆的一大特色。馆内可供借阅的图书多达四万余册，并配备四十台可以免费上网的电脑，还设有会议室、多功能厅等便民设施。为照顾上班族，图书馆周一到周四均开放至晚上九点。可以说，它不仅仅是社区图书馆，更是一个区域活动中心。

对日本人来说，这座建筑一定让人备感亲切。比如室内的“借景”设计，还有外墙通过镜面反射与周围绿化交融的巧思，在洋溢现代气息的同时，又与日本“天人合一”的传统建筑理念有着异曲同工之妙。

近年来，除弗朗西斯·格里戈里社区图书馆之外，华盛顿有十多家公共图书馆搬入新馆重新开放。这些建筑无一不是新生代建筑师的获奖设计。读者们徜徉于书海之余，还能感受最优秀的当代建筑，饱享双重的精神盛宴。

相关信息：

创立 / 1961 年

国家 / 美国

规模 / 图书 4 万册

建筑年代 / 2012 年竣工

设计 / 阿德迦耶建筑事务所、文塞克建筑事务所

联系方式 & 参观信息：

3660 Alabama Avenue SE, Washington, DC 20020

Tel. +1 (0)202-6986373

www.dclibrary.org/francis

francisgregorylibrary@dc.gov

开放时间 / 周一至周三 9:30～21:00，周四 13:00～21:00，周五、周六 9:30～17:30，周日 13:00～17:00

闭馆日 / 节假日

门票价格 / 免费

讲解参观 / 无

倒映出四周美景的外墙。

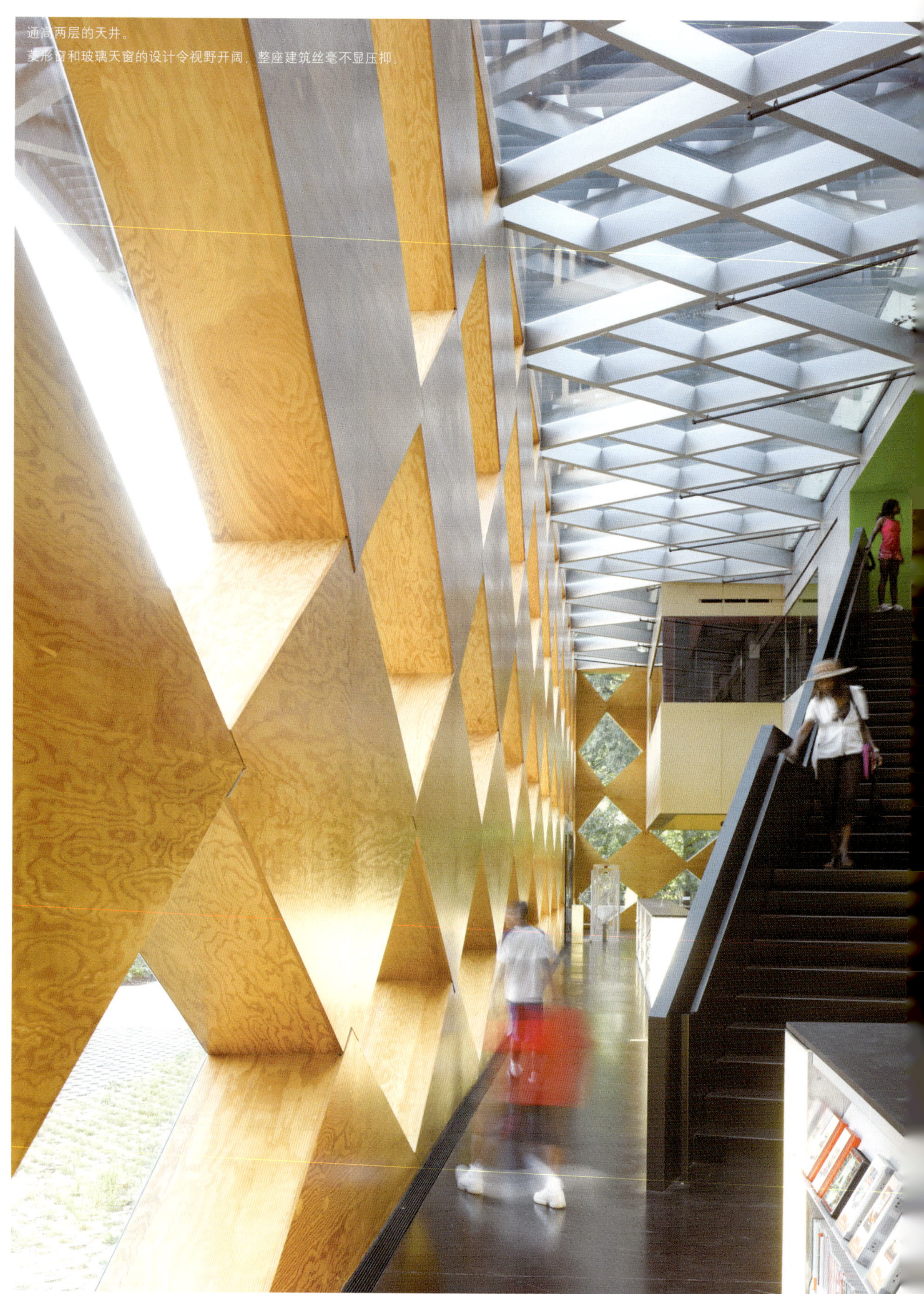

通高两层的天井。
菱形窗和玻璃天窗的设计令视野开阔，整座建筑丝毫不显压抑。

EXIT
Christian Fiction

图书馆内景。

内侧建筑（右）和外侧建筑（左）之间的过道上开有多家餐饮店。

Vancouver Public
Library
温哥华公共图书馆主馆

阳光透过连接内外侧建筑的玻璃顶篷柔和地洒在过道上。

由筒状建筑环绕立方体建筑，独一无二的两重结构完美实现了图书馆的所有功能需求。

温哥华位于北美大陆西海岸，虽然纬度偏高，但由于受暖流的影响，气候四季宜人。这里自然风光优美，十分适居，来自世界各地的移民侨集于此，为这座城市渲染上浓厚的国际色彩。因此，温哥华公共图书馆的主页不仅使用英文，同时还有日语、汉语、西班牙语、法语、韩语、越南语、印地语的界面。

温哥华公共图书馆在市内设有多处分馆，最为重要的主馆由著名建筑家萨夫迪和他的团队设计。萨夫迪曾在耶鲁大学和哈佛大学执教，获得过加拿大皇家建筑师协会颁发的金奖和加拿大国民荣誉奖。主馆于一九九三年动工，历时两年建成。以理念新颖著称的萨夫迪大胆地将建筑打造成环形环绕立方体的结构，从外面看犹如意大利的古斗兽场。

看似只有四层的图书馆实际分为九层，其中八至九层目前（二〇一三年十一月）正暂时租借给某自治团体。今后随藏书的进一步增加，图书馆将会启用这两个楼层。内侧立方体建筑内书架林立，提供借阅等各种服务。外侧的筒状建筑则是读者们阅读、学习的空间。两座建筑通过空中走廊相连。这一两重结构设计别具匠心，内侧建筑能保护图书免于阳光直射，外侧建筑让读者在阅读时尽享柔和的日光和窗外的风景。

馆内图书可以通过传送带在不同楼层间传送，这是温哥华公共图书馆主馆的一大特色。此外，除了一千二百个阅览席，图书馆还有可免费出借给个人或团体的房间。两重建筑均采用落地窗，所以无论是图书馆内景还是室外的街景，读者都可一览无余。

图书馆屋顶是一座空中花园，由温哥华景观设计师科妮莉娅·哈恩·奥伯伦德尔设计。园内植物布局仿照加拿大不列颠哥伦比亚省内最长的河流弗雷泽河。空中花园除了有休闲、隔热的功能，还为城市增添了绿色，为禽鸟提供了家园，可谓益处多多。但遗憾的是，这座美丽的庭院暂时还不对公众和图书馆工作人员开放，大家都在翘首以盼，期待一睹它的迷人风采。

相关信息：

创立 / 1887 年

国家 / 加拿大

规模 / 图书 270 万册（含分馆馆藏）

建筑年代 / 1995 年竣工

设计 / 萨夫迪、DA 建筑事务所

联系方式 & 参观信息：

350 West Georgia Street, Vancouver, B.C. V6B 6B1

Tel. +1 (0)604-3313603

www.vpl.ca

info@vpl.ca

开放时间 / 周一至周四 10:00～21:00，周五、周六 10:00～18:00，周日 11:00～18:00

闭馆日 / 节假日

门票价格 / 免费

讲解参观 / 无

图书馆外观形似古罗马斗兽场。

悬空架起、具有颠覆性设计的六层书库。
建筑中央摆放着由鲸鱼骨架制成的艺术品。

Biblioteca
Vasconcelos
巴斯孔塞洛斯图书馆

玻璃屋顶和幕墙充分保证了建筑内的采光，百叶窗外是植物园。

从天花板垂吊而下的书架悬浮在半空，宛如一个科幻的世界。巴斯孔塞洛斯图书馆是墨西哥当代建筑的代表。

被称为当代建筑宝库的墨西哥城，汇聚着路易斯·巴拉甘、费雷克斯·堪迪拉、佩德罗·拉米列兹·瓦斯奎斯、胡安·奥戈曼等多位建筑巨匠的名作。其中巴斯孔塞洛斯图书馆便出自墨西哥新生代建筑家阿尔贝托·卡拉奇之手。

巴斯孔塞洛斯图书馆占地三万八千平方米，建筑面积超过四万四千平方米，由三栋建筑相连，整体呈细长形。建筑内部为开放式结构，与南美常见的科洛尼亚式建筑一样辟有开阔的中庭，让读者备感闲适放松。自天花板悬空而下的书库共分六层，金属书架犹如悬浮在半空中，一排排延伸至深处，充满律动感。玻璃幕墙和大型顶灯保证了室内的采光。

馆内最多可容纳五千人。每三排书架附设一个宽敞的阅览区，内有标准书桌和休闲躺椅，读者可根据喜好随意选择。图书馆配有停车场，距地铁、公共汽车站都很近，可以免费上网，还不时举办电影放映等活动，是墨西哥城市民的休闲好去处。

图书馆建于一座巨大的植物园里，园内种植了一百六十八种共六万株植物。满眼的绿色让人忘却尘世喧嚣，成为图书馆吸引众多读者的一大亮点。

墨西哥的公共设施多被冠以伟人、英雄之名，以纪念他们为国家做出的贡献。何塞·巴斯孔塞洛斯是墨西哥著名的教育家、哲学家、政治家、历史家、律师和作家，曾在墨西哥革命后担任教育部长和墨西哥国立自治大学校长，在墨西哥现代史上留下了不可磨灭的印迹。

为了向识字率较低的一般公众宣传革命意义和民族主义，巴斯孔塞洛斯积极推进壁画运动。在他的努力下，涌现出迭戈·里维拉、大卫·阿尔法罗·西盖罗斯、何塞·克莱门特·奥罗斯科等一大批著名壁画家。巴斯孔塞洛斯深刻地影响了墨西哥乃至整个拉美，以他的名字命名这座墨西哥最大的图书馆可以说是恰如其分。

除书架外，图书馆大厅还悬挂着一件鲸鱼骨架制成的大型艺术品。它全长十一点六九米，重六百九十六千克，由世界知名的墨西哥概念艺术家加布里埃尔·奥罗斯科创作。游弋在半空的“鲸鱼”作为巴斯孔塞洛斯图书馆的象征深受大家喜爱。

另外，在设计阶段图书馆就考虑到今后藏书规模会不断扩大，为此预留了充裕的架位和进一步增设书架的空间，最终可容纳一百万册图书。这就是巴斯孔塞洛斯图书馆，面向未来，庞大而具有创意。

图书馆东侧外景。
主入口位于西侧，靠近地铁站出口。

南侧是驾车来访的读者专用入口。

相关信息：

创立 / 2006 年

国家 / 墨西哥

规模 / 普通图书 57 万 5000 册，童书 6 万 7800 册，盲文资料 5303 份，特藏，数字资料，影音资料，期刊杂志

建筑年代 / 2006 年竣工

设计 / 阿尔贝托·卡拉奇

联系方式 & 参观信息：

Eje 1 Norte s/n esq. Aldama, Col. Buenavista, Del. Cuauhtémoc, México D. F., C. P. 06350
Tel. +52 (0)55-91572800
www.bibliotecavasconcelos.gob.mx
contactobvasconcelos@conaculta.gob.mx

开放时间 / 8:30～19:30

闭馆日 / 无

门票价格 / 免费

讲解参观 / 仅限团体游客

明亮的窗边设有休闲区。

舒适的座椅，
读者可随意选择自己喜欢的样式。

从高处俯瞰。
图书馆好像科幻世界一般充满动感。

新曼努埃尔风格的图书馆中收藏着 35 万册图书。

D. DINIZ
BLUTEAU
Real Gabinete
Português de
Leitura
皇家葡文图书馆

阅览室内装有在当时的巴西极其罕见的奢华枝形吊灯。

在文化多元的里约热内卢繁华街头，悄然静立着葡语文学的圣殿。

巴西是葡萄牙在南美唯一的殖民地。葡萄牙王室甚至曾因拿破仑军队的侵略，一度将首都从里斯本迁至里约热内卢。

一八八二年，巴西帝国独立后，里约作为首都在葡萄牙移民的主导下得到发展。一八三七年，为了传承祖国的文化、文学，四十三名充满爱国情怀的葡萄牙人成立了葡萄牙文学会，他们中既有商人也有政治流亡者。这就是皇家葡文图书馆的前身。

在之后的岁月里，文学会逐渐超越文学范畴，成为了葡萄牙移民的心灵港湾。文学会图书馆得到政府和移民的大量捐赠，到了一八六〇年藏书就已超过三万三千册，一八八〇年更是成为巴西迁都里约以来最重要的图书馆。同时，原建筑空间不足的问题日益凸显。经过八年建设，现在的皇家葡文图书馆终于在一八八八年落成，实现了二十多年来的构想。

一九〇〇年，图书馆面向公众开放，后耗时六年编制了新的馆藏目录。当时的葡萄牙国王卡洛斯一世将其命名为“皇家葡文图书馆”。一九三五年，根据葡萄牙的呈缴本制度，皇家葡文图书馆成为葡萄牙第一家本土以外的法定送存图书馆。图书馆目前拥有藏书三十五万册，是葡萄牙最大的海外公立图书馆，至今仍以每年六千册的速度充实着馆藏。

由葡萄牙建筑家拉斐尔·德·席尔瓦·卡斯特罗设计的图书馆，沿袭了本国独有的哥特式建筑风格——曼努埃尔风格，并在此基础上开创了装饰更为简洁的新曼努埃尔风格。该风格得名于建立起庞大海洋帝国的葡萄牙国王曼努埃尔一世。图书馆外墙采用来自葡萄牙的石材，上刻诗人路易·德·卡蒙斯、发现巴西的航海家佩德罗·阿尔瓦雷斯·卡布拉尔等四位伟人的雕像，它们矗立在门前迎送了无数读者。

阅览室一片静谧，阳光自彩色玻璃天窗流泻而下。豪华铸铁吊灯、雕花楼梯、镶嵌精美的黑檀家具，这些颇有历史的陈设，烘托出静穆的气氛。也许这就是皇家葡文图书馆被誉为“幻想图书馆”的原因吧。

另外，由于图书馆内藏有诸多稀世珍本，如卡蒙斯出版于一五七二年的《路济塔尼亚人之歌》，因此没有特别许可，读者不得随意触碰。这也给图书馆平添了一丝庄重。

皇家葡文图书馆还定期出版发行葡语文学文化期刊，举办文学、历史、人类学、艺术等相关文化讲座。时至今日，巴西的葡萄牙文化仍然通过这座图书馆，在里约热内卢代代相传。

规模不大的建筑却有不容忽视的魅力。

没有许可，读者不得随意触碰图书。

相关信息：

创立 / 1837 年

国家 / 巴西

规模 / 图书 35 万册，画作、雕塑及其他

建筑年代 / 1888 年竣工

设计 / 拉斐尔·德·席尔瓦·卡斯特罗

联系方式&参观信息

Rua Luis de Camões, 30, Centro, Rio de Janeiro-RJ

Tel. +51 (0)21-22213138

www.realgabinete.com.br

gabinete@realgabinete.com.br

开放时间 / 9:00～18:00

闭馆日 / 周六、周日、节假日

门票价格 / 免费

讲解参观 / 无

EXPOSIÇÃO
EXPOSIÇÃO

庄重威严的紫檀木家具，
营造出“幻想图书馆”的氛围。

Asia

Africa

Oceania

亚　洲
非　洲
大洋洲

号称世界最大的阅览室。
倾斜的天花板和阶梯式阅览席独树一帜。

Bibliotheca Alexandrina

新亚历山大图书馆

图书馆外墙刻着各国文字，
不负“世界知识殿堂”的美誉。

“世界知识殿堂”时隔一千五百年后重现古都亚历山大。

古都亚历山大由亚历山大大帝兴建，克里奥佩特拉统治埃及期间也定都于此。公元前三〇〇年，托勒密一世在此修建了亚历山大图书馆。

在那个印刷术与装订技术尚未问世的时代，所谓的图书不过是一卷卷写满文字的纸莎草，但亚历山大图书馆的藏书量在当时就已达到了七十余万册，践行着它“收集世界上所有图书”的宗旨。不仅如此，亚历山大图书馆还是一座学术研究机构，古希腊数学家欧几里得、古罗马天文学家托勒密等世界知名学者都曾集聚于此，让它成为当时最令人向往的知识圣殿。

公元五世纪左右，亚历山大图书馆毁于战火。一九七四年，史学家穆斯塔法·阿巴迪提出在原址上重建图书馆。一九八八年，在新馆设计竞标中，斯诺赫塔建筑事务所的方案最终胜出，工程于一九九五年正式启动，七年后的二〇〇二年，新亚历山大图书馆落成并面向公众开放。

图书馆临地中海而建，犹如一个斜插在地面的圆盘或圆柱。从某些角度看去，会令人联想起考古发掘现场那些半掩于地下的巨大遗迹。这匠心独运的外观，完美地融入了这片古老的土地。

图书馆未来的发展前景亦不负其历史盛名。二〇一三年，馆藏图书已达到约一百四十万册，是二千三百年前的两倍。而全馆最多可收藏八百万册书籍，“重现世界知识殿堂”这一伟大的工程如今只是刚刚迈出了第一步。

新亚历山大图书馆拥有世界上规模最大的主阅览室，另设有艺术、多媒体、珍本、特藏、盲人、儿童、青少年等各类型专用阅览室。另外馆内设有四座博物馆，分别展出古代艺术品、手抄本、诺贝尔和平奖获得者前总统萨达特的遗物和科学史。还拥有四个画廊以及充满互动乐趣的科学馆、天文馆。这些趣味设施激发出人们更加旺盛的求知欲。馆内经常举办暑期课程、研讨会等活动，已不再是一座单纯提供借书服务的图书馆，更是一座满足读者对各领域好奇心的综合活动中心。

夏日里，读者坐在馆内的餐厅或露台上的咖啡店，可以饱览窗外曾为世界文化中心的风光和壮观海景。这座矗立在古埃及亚历山大图书馆原址上的图书馆，将重现过去的辉煌，再次成为世界的知识殿堂。

图书馆建于海边，外观宛如半埋土中的倾斜状圆柱。

朝北的屋顶设有天窗，四周环绕着水池。

相关信息：

创立 / 2001 年
国家 / 埃及
规模 / 馆藏 138 万件
建筑年代 / 2001 年竣工
设计 / 斯诺赫塔建筑事务所

联系方式 & 参观信息：

Chatby, Alexandria 21526
Tel. +20 (0)3-4839999
www.bibalex.org
secretariat@bibalex.org
开放时间 / 11:00～18:00
闭馆日 / 周五
门票价格 / 10 埃及镑（仅图书馆），45 埃及镑（图书馆、博物馆、展览联票）
讲解参观 / 英语、法语、德语、西班牙语、阿拉伯语的讲解每十五分钟一次，门票中已包含。需要预约

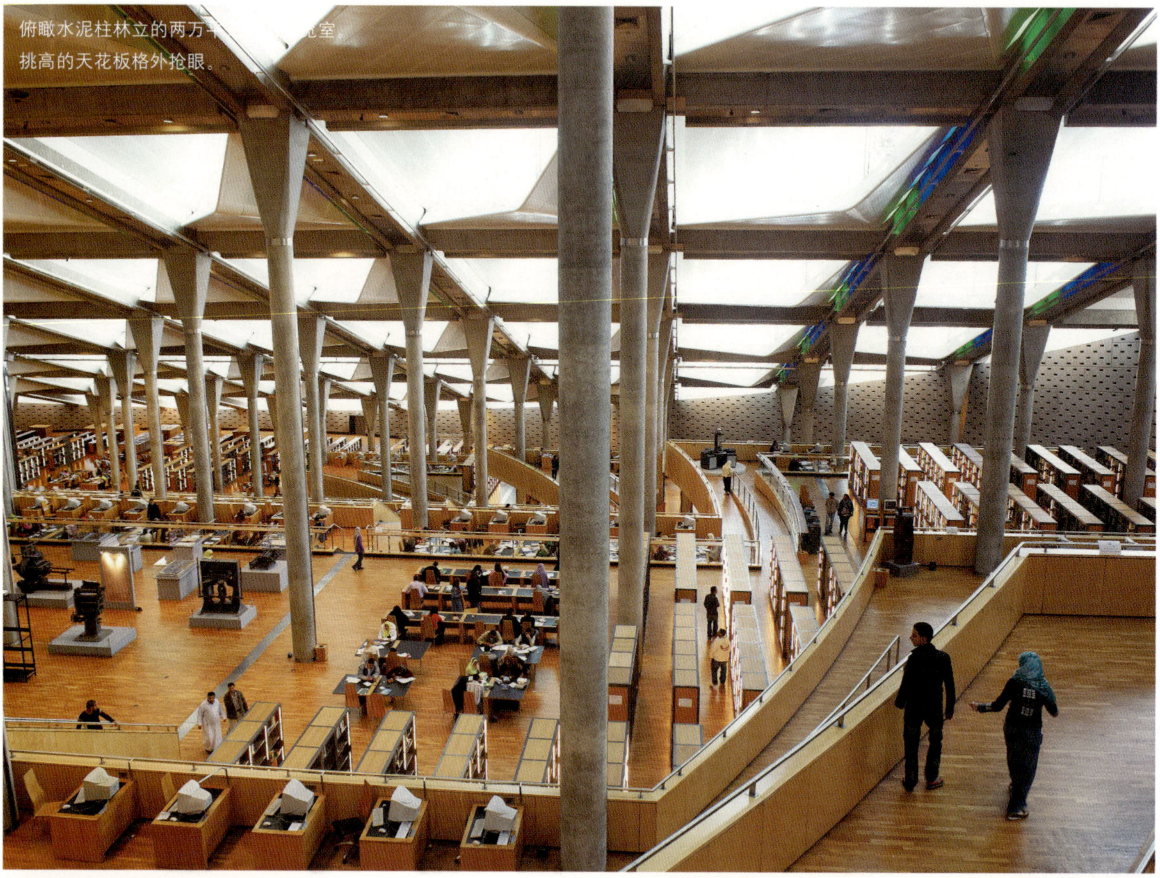

俯瞰水泥柱林立的两万平方米阅览室。
挑高的天花板格外抢眼。

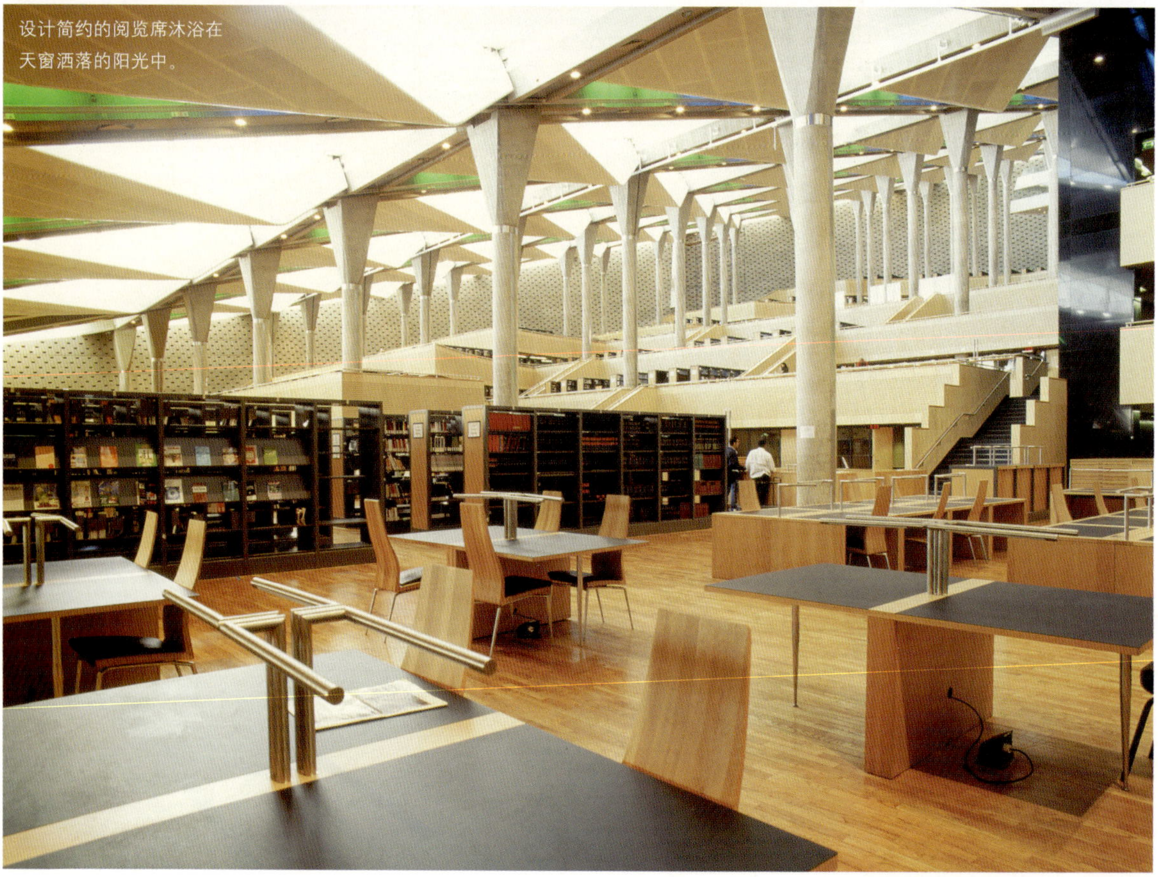

设计简约的阅览席沐浴在
天窗洒落的阳光中。

图书馆的远期目标是将馆藏扩大至 800 万册。

八角形大圆顶阅览室。
内藏图书 3 万 2000 册，320 张书桌呈放射状摆放。

State Library of Victoria
维多利亚国家图书馆

1913 年建成的大圆顶阅览室。
回廊的设计形似剧场包厢，优雅精致。

在历史悠久的建筑中享受现代文化，连接过去与现在的综合性图书馆。

在世界宜居城市排名中，墨尔本总是名列前茅。同为澳大利亚的大都市，与繁华喧嚣的悉尼相比，墨尔本多了一层浓郁的文化气息。维多利亚国家图书馆就坐落在这座城市中央火车站前的黄金地段。

维多利亚图书馆是当年城市建设规划中的一环，由约瑟夫·里德设计。这名才华横溢的建筑师之后还设计了皇家展览馆。图书馆于一八五四年动工，耗时两年建成。在接下来的一百五十一年间，图书馆共经历了二十二次改扩建。也正因如此，读者在这里可以感受到不同年代的风情，这是维多利亚国家图书馆最大的特点和魅力。推开正门入口的古老木门，如同推开了历史的大门，石墙、彩绘玻璃窗、大理石楼梯、令人联想起古希腊神殿的石柱一同跃入眼帘，神圣庄严的气氛令人屏息。

维多利亚国家图书馆不仅拥有海量藏书，还提供各种便利设施。比如在报刊阅览室可以查阅历年的新闻报道（早期的报纸只有数字版）；娱乐室里，从最新潮的游戏机到国际象棋、西洋跳棋之类的传统项目，应有尽有；露天剧场可供读者看电影、听音乐。图书馆每年举办众多活动，其中大部分是免费的。馆内的三个美术展厅常年展出绘画与雕塑。庭院开阔的草坪上还矗立着数座石雕与铜像，让人赏心悦目。

庭院草坪是市民们的休闲好去处。

维多利亚国家图书馆在建立之初就以“启迪民智”为目标，一心为民众提供多样化服务。读者无须预约，就可免费参加各种参观讲解活动。还开办电脑课堂等讲座，几乎全部免费。另外，图书馆虽禁止除饮用水以外的一切餐食，馆内的“塔尔柯先生咖啡厅”却不受此限，这里甚至提供酒精类饮品，每个周五还会营业到晚上九点，方便上班族在下班后来小酌几杯，在艺术文化的氛围中微醺。

维多利亚国家图书馆是一栋保存完好的古老建筑，也是一处正统的图书馆设施。而另一方面，读者在此还能享受到各种与时俱进的服务，比如欣赏概念艺术、行为艺术等现代艺术，参加外语教室，甚至泡泡酒吧。这里完美融合了传统与现代，刷新了大家对“图书馆”的定义，堪称一座以书为主题的综合乐园。

相关信息：

创立 / 1854 年

国家 / 澳大利亚

规模 / 论文、图书共 211 万册，其他

建筑年代 / 1856 年竣工

设计 / 约瑟夫·里德

联系方式 & 参观信息：

328 Swanston Street, Melbourne, Victoria 3000

Tel. +61 (0)3-86647000

www.slv.vic.gov.au

（可通过该网站与图书馆员联系）

开放时间 / 周一到周四 10:00～21:00，周五到周日 10:00～18:00

闭馆日 / 元旦、圣周五、圣诞、节礼日

门票价格 / 免费

讲解参观 / 每天多场，免费

雷蒙德·巴利阅览室，前身为工业科学博物馆，经修缮后于 2004 年开放。

仅向会员开放的殖民地时期风格阅览室，
在一片静谧中感受时光的慢慢流逝。

David Sassoon Library & Reading Room

孟买大卫·沙逊图书馆

除英语类图书，图书馆还收藏有印度通用语言印地语、马拉塔语、古吉拉特语的图书共计 4 万册。

拥有众多稀世珍本，仅面向会员开放，浓郁的殖民地时期建筑风格引人追忆昔日繁华。

孟买及其周边地区共有二千一百二十九万余人口，不仅是印度最大的都市圈，也是历史悠久的商业中心，从很早以前就开始与欧洲往来贸易，繁极一时。一六八七年，英国东印度公司在此设立据点，一七三五年建成造船厂，一八三七年，定期往来埃及苏伊士的蒸汽轮船正式起航，使得孟买成为印度的重要门户。一八六九年，苏伊士运河通航后，更是可以从印度直达欧洲，孟买经济从此蒸蒸日上。

现在的孟买依旧是繁华的经济金融中心。它还有另一个“身份”——印度电影之都，著名电影基地“宝莱坞”就位于此。“宝莱坞”之名是印度人将“好莱坞（Hollywood）”与孟买旧称（Bombay）的首字母“B”合成得来的。

一八七四年，孟买当地的青年才俊建立起兼作博物馆的图书馆，也就是大卫·沙逊图书馆的前身。今天的图书馆建筑落成于一八七〇年。出生巴格达，后移居孟买，曾被当时殖民印度的英国政府授予爵士爵位的银行家大卫·沙逊，为修建这座图书馆捐献了几乎和政府等额的资金。为纪念他的贡献，图书馆以他的名字命名。

大卫·沙逊图书馆是一座意大利哥特式建筑，白石雕刻而成的大卫·沙逊半身像就静立于图书馆入口处的门廊上。作为孟买的标志性建筑之一，它令人回想起殖民地时期的繁华往事。如今，政府已将图书馆列为一百四十五座历史建筑之一加以保护。

孟买还有很多知名的同时期建筑。比如图书馆左侧建成于一八五六年的孟买大学埃尔芬斯通学院，以及被列入《世界文化遗产名录》、一八八八年建成、同属意大利哥特式建筑的贾特拉帕蒂·希瓦吉终点站。此外，虽不属于历史建筑，但同为世界文化遗产的象岛石窟也值得一去。

孟买大卫·沙逊图书馆的珍本收藏颇负盛名，馆藏中有不少出版于十八世纪末的珍本。读者必须先申请成为图书馆会员才能借阅。成为会员需要通过运营委员会的审查面试，并在第一年缴纳三千三百卢比的会费，此外还要出具在孟买居住的证明。目前，这里的会员大多数是研究人员和学生，今后会员数量会进一步增加。

精心维护的绿色庭院是图书馆另一大魅力。在喧嚣的商业地带，这里如都市中的绿洲，给予读者一段宁静的时光。

作为孟买最古老的图书馆之一和当地的地标性建筑，孟买大卫·沙逊图书馆在熙熙攘攘的印度街头，任时间的长河从它身边悠悠流过。

相关信息：

创立 / 1847 年

国家 / 印度

规模 / 图书 4 万册

建筑年代 / 1870 年竣工

设计 / J·坎贝尔、G·E·高斯林

联系方式 & 参观信息：

152, Mahatma Gandhi Road, Off. David Sassoon Library Marg. Kalaghoda, Fort, Mumbai 400023

Tel. +91 (0)22-22843703

www. Davidsassoonlibrary.com

dslibrary1847@yahoo.com、vajgaonkar7@gmail.com

开放时间 / 8:00～21:00

闭馆日 / 无

门票价格 / 会员制度

讲解参观 / 无

图书馆的临街外景，左边是孟买大学埃尔芬斯通学院。

馆内保留着建成初期的风貌。

由于修缮经费短缺，图书馆经常发起募捐。

挑高近 6 米的天花板设计充满殖民地时期风格。

坐在阳台的座椅上，
可以欣赏到一片都市中的绿洲，令人心旷神怡。

图书馆主体建筑为倒梯形天井结构。
地下一层收藏了《四库全书》相关文献。

National Library of China
中国国家图书馆新馆

图书馆东南角外景。
东侧整面皆为窗户，南面分层设置采光窗。

梁启超、鲁迅倾力奠基，拥有开放的阅读空间，实现藏书数字化，引领图书馆的未来。

中国国家图书馆的新馆与旧馆均坐落在北京西北部高校云集的海淀区。其中新馆又被称为“国家数字图书馆”或“总馆北区”。坐地铁到“国家图书馆站”下车，走出车站，迎面就能看到图书馆极具数字时代特征的外观。

中国国家图书馆由周恩来批示兴建。占地十四万平方米的旧馆于一九八七年竣工。在北京奥运会召开的二〇〇八年，旧馆北侧的新馆落成。新馆、旧馆占地面积总计达到二十五万平方米，是世界第三大的国家图书馆。目前旧馆主要收藏外文书和专业类图书，新馆则面向普通读者，此外还有专门收藏中国古籍的古籍馆。

中国国家图书馆的前身是建于清代的京师图书馆。二十世纪初，在西方文化和政治改革的影响下，有识之士向清政府奏请筹建图书馆。最后选定在北京广化寺内建馆，主要收藏清皇室藏书和敦煌文献。

一九一一年辛亥革命爆发后，图书馆归入北京政府教育部管辖，开始面向公众开放。但由于设备落后，仅数月后就被迫关闭。图书馆当时的实际管理者鲁迅，在困境中依然不断努力，成功将原藏于承德文津阁的《四库全书》等重要古籍纳入馆藏。

民国年间，梁启超、蔡元培等文化名流都曾先后出任馆长，成为馆史上亮眼的一笔。很多著名文学家和家属曾向图书馆捐赠藏书，包括文豪鲁迅的所有手稿和国家文物局前局长郑振铎的十万册私人藏书等。

由德国KSP尤根·恩格尔建筑事务所和华东建筑设计研究院共同设计的新馆外观简约，象征着过去、现在与未来的建筑主体分为地下三层、地上五层，正中央为开放式阅览大厅，天窗和侧窗保证了充足的自然光源，室内白天无须电灯照明。由于图书馆位于大学区，读者中学生和学术研究人员占大多数。

新馆的另一特色就是开放了大量的数字化资源，无愧其“数字图书馆”的美名。馆内随处设有电脑，全馆覆盖无线网络，为读者查阅数字资源提供便利。

新馆最大的魅力是位于地下一层的《四库全书》专用阅览室。陈列复刻版本的书架邻接原书的展示书库。此前被长期封存在地下书库的《四库全书》会定期出现在玻璃展柜里同读者见面。能够欣赏到如此稀世珍宝，真是人生一大幸事。

图书馆注重阅读功能，全馆共设2700余个座位。

新馆大部分藏书是面向普通读者的中文书。

相关信息：

创立 / 1909年

国家 / 中国

规模 / 图书3120万册（截至2012年12月）

建筑年代 / 2008年竣工

设计 / KSP尤根·恩格尔建筑事务所、华东建筑设计研究院

联系方式 & 参观信息：

北京市海淀区中关村南大街33号

Tel. 010-88544114

www.nlc.gov.cn

webmaster@ nlc.gov.cn

开放时间 / 周一到周五 9:00～21:00，周六、周日 9:00～17:00

闭馆日 / 五一劳动节、国庆节各一天

门票价格 / 免费

讲解参观 / 无

图片提供

COVER	Alamy
P002-003	Artur
P004	Gamma Rapho
P005 上	Alamy
P005 下	AGE FOTOSTOCK
P006-007	Gamma Rapho
P008-009	mauritius images
P010 上	Alamy
P010 下	AGE FOTOSTOCK
P011	SIME
P012-013	Alamy
P014-015	AGE FOTOSTOCK
P016	ALBUM
P017 左	ALBUM
P017 右	Robert Harding
P018-019	Photononstop
P020 上	Jon Arnold Images
P020 下	John Warburton-Lee
P021 上	Robert Harding
P021 下	杉山真希
P022-023	杉山真希
P024-025	Alamy
P026 上	Press Association
P026 下	Press Association
P027	REX FEATURES
P028-029	Press Association
P030-031	REX FEATURES
P032	REX FEATURES
P033 上	杉山真希
P033 下	Loop Images
P034	Alamy
P035 上	SIME
P035 下	Alamy
P036	Almay
P037	REX FEATURES
P038-039	Steve Vidler
P040	Arcaid Images
P041 上	Camera Press
P041 下	西端秀和
P042-043	Steve Vidler
P044-045	REX FEATURES
P046	Science Photo Library
P047	Jean Brooks Robert Harding World Imagery
P048 上	SIME
P048 下左	HEMIS
P048 下右	Steve Vidler
P049	AGE FOTOSTOCK
P050-051	Artur
P052	Artur
P053	Alamy
P054	Artur
P055 上	Alamy
P055 下	Artur
P056-057	Alamy
P058 上	ANP PHOTO
P058 下	Artur
P059 上	ANP PHOTO
P059 下	Artur
P060	ANP PHOTO
P061 上	AGE FOTOSTOCK
P061 下	Artur
P064-065	SIME
P066	HEMIS
P067 上	Alamy
P067 下	AGE FOTOSTOCK
P068-069	SIME
P070-071	SIME
P072 上	白崎良明
P072 下	Alamy
P073	保屋野参
P074-075	Alamy
P076	Alamy
P077 上	Ullstein bild
P077 下	Alamy
P078-079	Alamy
P080-081	mauritius images
P082	picture alliance
P083 左	imagebroker
P083 右	imagebroker
P084-085	Arcaid Images
P086-087	Arcaid Images
P088	Artur
P089 上	Artur
P089 下	Artur
P090-091	Artur
P092	Alamy
P093 上	Artur
P093 下	SIME
P094-095	Artur
P096-097	Artur
P098	Artur
P099 上	imagebroker
P099 下	Artur
P100-101	Alamy
P102-103	Artur
P104 上	Artur
P104 下	Artur
P105 上	Artur
P105 下	Artur
P106-107	Artur
P108-109	伊东町子
P110	伊东町子
P111 上	John Warburton-Lee
P111 下	Alamy
P112	伊东町子
P113 上	伊东町子
P113 下	Alamy
P114-115	Artur
P116	Alamy
P117 左	Alamy
P117 右	imagebroker
P118-119	imagebroker
P120-121	imagebroker
P122	imagebroker
P123 上	Alamy
P123 下	SIME
P124-125	Artur
P126	Artur
P127 左	Artur
P127 右	Artur
P128-129	Prisma Bildagentur
P130	Prisma Bildagentur
P131	AGE FOTOSTOCK
P132-133	Alamy
P136-137	Artur
P138	Alamy
P139	Artur
P140	ROITA
P141	CuboImages
P142 上	Alamy
P142 下	Artur
P143	Alamy
P144-145	Alamy
P146-147	Alamy
P146 下	Alamy
P148-149	Alamy
P150	Alamy
P151	Alamy
P152 上	Artur
P152 下	Alamy
P153	Alamy
P154-155	Jon Arnold Images
P156	Alamy
P157 左	Alamy
P157 右	Alamy
P158-159	Photoshot
P160-161	Super Stock
P161 下	井出 NORIO
P162	John Warburton-Lee
P163 上	AGE FOTOSTOCK
P163 下	imagebroker
P164-165	Artur
P166	Alamy
P167	VIEW Pictures
P168	Atlantide Phototravel
P169 上	CuboImages
P169 下	Atlantide Phototravel
P170-171	CuboImages
P172-173	Artur
P174	Artur
P175	Artur
P176-177	Artur
P178-179	Artur
P180	Alamy
P181	Alamy
P182-183	VIEW Pictures
P184	VIEW Pictures
P185 上	VIEW Pictures
P185 下	VIEW Pictures
P186 上	VIEW Pictures
P186 下	VIEW Pictures
P187	VIEW Pictures
P188-189	HEMIS
P190	picture alliance
P191 上	Richard T.Nowitz
P191 下	Alamy
P192-193	Edu Mendes
P196-197	Alamy
P198	HEMIS
P199 上	VIEW Pictures
P199 下	Artur
P200 上	SIME
P200 下	武藤圣一
P201	REX FEATURES
P202-203	Alamy
P204	AGE FOTOSTOCK
P205 左	Alamy
P205 右	imago
P206-207	CuboImages
P208	Photononstop
P209	Dinodia Photo
P210 上	Alamy
P210 下	Alamy
P211	Photononstop
P212-213	Beijing View Stock Photo
P214	Alamy
P215 左	Beijing View Stock Photo
P215 右	Newscom

图书在版编目(CIP)数据

世界梦幻图书馆/ 日本X—Knowledge编著；朝阳译.—北京：新星出版社，2015.9
ISBN 978—7—5133—1799—3

Ⅰ.①世… Ⅱ.①日…②朝… Ⅲ.①图书馆—介绍—世界 Ⅳ.①G259.1

中国版本图书馆CIP数据核字(2015)第105022号

著作权登记图字：01—2015—2896

TEXTS

Shimizu,Reina:P2-7,18-49,148-153
Inaba,Kaoru:P8-13,50-61,118-127
Kataoka,Kyoko:P14-17,182-187
Pacher,Mary:P64-69
Sawatari,Akiko:P70-79,90-107
Machida,Fumi:P80-89,114-117
Machida,Bozena:P108-113
Nakatsuma,Minako:P128-133
Yanagisawa,Taiga:P136-147,154-171,202-205
Kimida,Arei:P172-177,206-211
Yanagisawa,Kokoro:P178-181,196-201
Fujii,Hayato:P188-193
Tada,Asami:P212-215

世界梦幻图书馆
(日) X—Knowledge 编著
朝阳 译

责任编辑 汪 欣
特邀编辑 侯晓琼 林盼攀
装帧设计 韩 笑 宋 璐
内文制作 王春雪
责任印制 付丽江 廖 龙

出 版 新星出版社 www.newstarpress.com
出 版 人 谢 刚
社 址 北京市西城区车公庄大街丙3号楼 邮编 100044
电话 (010)88310888 传真 (010)65270449
发 行 新经典发行有限公司
电话 (010)68423599 邮箱 editor@readinglife.com

印 刷 北京利丰雅高长城印刷有限公司
开 本 787毫米×1092毫米 1/16
印 张 14.5
字 数 60千字
版 次 2015年9月第1版
印 次 2015年9月第1次印刷
书 号 ISBN 978—7—5133—1799—3
定 价 98.00元

FLAVII JOSEPHI
OPERA OMNIA
PALAESTINA
Hispan